COORDENAÇÃO EDITORIAL
MAURÍCIO SITA

OTIMIZANDO RELAÇÕES

Dos métodos tradicionais de relacionamentos às técnicas mais avançadas de liderança

Literare Books
INTERNATIONAL
BRASIL · EUROPA · USA · JAPÃO

© LITERARE BOOKS INTERNATIONAL LTDA, 2021.
Todos os direitos desta edição são reservados à Literare Books International Ltda.

PRESIDENTE
Maurício Sita

VICE-PRESIDENTE
Alessandra Ksenhuck

DIRETORA EXECUTIVA
Julyana Rosa

DIRETORA DE PROJETOS
Gleide Santos

RELACIONAMENTO COM O CLIENTE
Claudia Pires

DIRETOR DE MARKETING E DESENVOLVIMENTO DE NEGÓCIOS
Horacio Corral

EDITOR
Enrico Giglio de Oliveira

REVISORA
Priscila Evagelista

DESIGNER EDITORIAL
Victor Prado

IMPRESSÃO
Impressul

Dados Internacionais de Catalogação na Publicação (CIP)
(eDOC BRASIL, Belo Horizonte/MG)

O88   Otimizando relações: dos métodos tradicionais de relacionamentos às técnicas mais avançadas de liderança / Coordenador Maurício Sita. – São Paulo, SP: Literare Books International, 2021.
168 p.: 16 x 23 cm

ISBN 978-85-9455-291-4

1. Liderança. 2. Comunicação. 3. Relações humanas. 4.Tecnologia. I. Sita, Maurício.

CDD 658.4

Elaborado por Maurício Amormino Júnior – CRB6/2422

LITERARE BOOKS INTERNATIONAL LTDA.
Rua Antônio Augusto Covello, 472
Vila Mariana — São Paulo, SP. CEP 01550-060
+55 11 2659-0968 | www.literarebooks.com.br
contato@literarebooks.com.br

SUMÁRIO

5   PREFÁCIO
Maurício Sita

7   Q.I.: O *NETWORKING* COMO FERRAMENTA DE LIDERANÇA
André Nabas Seixas de Araújo

15   DOS MÉTODOS TRADICIONAIS DE RELACIONAMENTO
ÀS TÉCNICAS MAIS AVANÇADAS DE LIDERANÇA
Antonio Carlos Nasraui

21   A INTELIGÊNCIA EMOCIONAL APERFEIÇOANDO AS RELAÇÕES
Bruno Ferreira Alegria

29   OTIMIZANDO RELAÇÕES —
SOB A PERSPECTIVA DA BOA-FÉ OBJETIVA CONTRATUAL
Caique Pires

37   O PODER DO PENSAMENTO
Carlos Cunha

45   A IMPORTÂNCIA DO PROCESSO DE ESCOLHA DE REPRESENTANTES DE TURMA
Cidinha Cabral

49   LÍDER ADMIRÁVEL:
CINCO PASSOS PARA RESSIGNIFICAR RELAÇÕES NAS ORGANIZAÇÕES
Cristina Porciúncula Krzyzaniak

55   LIDERANÇA HUMANIZADA:
CUNHO ESTRATÉGICO PARA A TRANSFORMAÇÃO CULTURAL
Darlene Dutra

63   QUAL PAPEL VOCÊ OCUPA NAS RELAÇÕES INTERPESSOAIS?
Elisabeth Heinzelmann

73   RELACIONAMENTOS OTIMIZADOS GERAM MAIS BEM-ESTAR
E FELICIDADE
Eunice Cruz

79	POSITIVIDADE NAS RELAÇÕES INTERPESSOAIS	
	Francisco de Assis das Neves Mendes	
87	LIDERANÇA QUE ENCANTA	
	Jaques Grinberg	
95	O NOVO SENTIDO DO TRABALHO: DESAFIOS DA LIDERANÇA NA MIGRAÇÃO PARA UMA CULTURA ÁGIL	
	Katia Zuffo	
103	MOTIVAÇÃO PARA VENCER	
	Luna Novais	
109	LIDERANÇA ROCK N´ROLL	
	Marcelo Gimenes	
117	RELACIONAMENTO NAS REDES SOCIAIS	
	Marcia Torino da Silva Rocha	
125	ACEITAR E RESPEITAR O OUTRO NA SUA SINGULARIDADE	
	Maria Helena Lobão	
133	ESTOU ATIVANDO AÇÃO, VOCÊ TAMBÉM PODE	
	Maria Katiane Viana da Silva	
139	GOVERNANÇA CORPORATIVA: A LIDERANÇA COMO ELEMENTO PROPULSOR DAS BOAS PRÁTICAS EMPRESARIAIS	
	Paulo Felintro	
147	NOMOFOBIA: PATOLOGIA DA VIDA MODERNA	
	Rubyana Rodrigues	
155	O BOM RELACIONAMENTO E SUA APLICAÇÃO EM NEGOCIAÇÕES	
	Venilson Fernandes dos Santos	
163	A INTIMIDADE TRANSCENDENTE NOS RELACIONAMENTOS	
	Wayne Porto Colombo	

PREFÁCIO

Todos sabemos que, no mundo de hoje, mudanças ocorrem com frequência e de forma cada vez mais rápida.

A habilidade de estabelecermos boas relações pessoais e profissionais tornou-se uma das mais importantes e valorizadas em nossa sociedade. Ter essa capacidade bem desenvolvida é fundamental para nos adaptarmos a diferentes situações e sermos bem-sucedidos na busca por nossos objetivos.

Tomando como exemplo o papel da liderança nas empresas nos dias atuais, não basta que ela seja exercida por aqueles mais técnicos, detentores de maior conhecimento. É preciso que, além dessas e de outras competências, o líder seja um bom gestor de pessoas.

Os *soft skills* são cada vez mais valorizados. O líder tem de saber escutar, ter poder de convencimento, respeitar a individualidade, e principalmente, tem de estabelecer com sua equipe uma relação baseada em confiança.

Em *Otimizando relações*, os escritores abordam o tema relacionamento em seus mais variados aspectos, compartilhando conhecimentos e experiências. Você será provocado a refletir sobre o *status quo* e as eventuais necessidades de mudanças.

Com certeza, caro leitor, você será impactado positivamente na forma de se relacionar com o outro.

Se você está lendo este livro é porque deseja, cada vez mais, ter relações saudáveis, prósperas e duradouras. Garanto que lerá o que há de mais atual na área.

Aproveite!

Maurício Sita
Presidente da Literare Books International

E.T – Quero agradecer ao meu grande amigo, Gutemberg Leite, pela inspiração e apoio na coordenação desta obra.

1

Q.I.:
O *NETWORKING* COMO FERRAMENTA DE LIDERANÇA

Neste capítulo, abordamos a importância de uma rede de conexões como um forte recurso na liderança, ou seja, como o *networking* poderá ser usado para que os objetivos da sua profissão ou de uma empresa sejam alcançados com maior facilidade, criando oportunidade de melhor guiar as escolhas e as equipes. Você aprenderá a criar conexões convergentes com seus objetivos, bem como obter dicas indispensáveis.

ANDRÉ NABAS SEIXAS DE ARAÚJO

André Nabas Seixas de Araújo

Advogado atuante no Contencioso e Consultivo Tributário e Empresarial, com Extensão em Direito Empresarial (2018). Empresário. Escritor.

Contatos
andreseixasaraujo@gmail.com
Linkedin: andre-nabas
Instagram: @andre.nabas
11 96466-9724

> *É difícil fazer alguma coisa sozinho.*
> *Juntando o time certo você anda mais rápido e vai mais longe.*
>
> Jorge Paulo Lemann, o segundo homem mais rico do Brasil.

Como todo empreendedor sabe, ou deveria saber, o universo negocial caminha por vias cada vez mais competitivas, o que obriga as empresas a tomarem decisões estratégicas que levem a uma solução eficaz, eventualmente "fora da curva", ao caso trazido pelo parceiro. Para tanto, devemos ter em mente que uma equipe não é formada somente por ótimos profissionais técnicos, mas, também, impreterivelmente, por **líderes**.

Se alguém te perguntasse quais são as características de um bom líder, provavelmente sua resposta seria algo como escuta ativa, capacidade de direcionar, delegar decisões, monitorar, inspirar, treinar, desenvolver, motivar, reconhecer, dentre tantas outras respostas possíveis.

Mas, e quanto ao ***networking***?

Você já se perguntou por que a criação de redes de contato, para líderes, é tão importante?

Primeiro, precisamos entender o que é o tão falado *networking*. Susan Ward, em matéria para o *The Balance Small Business*, classifica *networking* como:

> o processo de estabelecer um relacionamento mutuamente benéfico com outros empresários e possíveis clientes e/ou consumidores. O principal objetivo do *networking* nos negócios é contar aos outros sobre seus projetos e, com sorte, transformá-los em parceiros[1].

Esse conceito aproxima-se muito da ideia aqui abordada; porém, não leva em consideração as ferramentas trazidas pelo convencimento e pela persuasão, tratadas mais profundamente a seguir. O *networking* na liderança é a ferramenta pela qual o empresário desenvolve e usa suas redes de maneira a criar relacionamentos e fortalecer alianças a serviço do trabalho e das metas de sua carreira ou na gestão de sua empresa.

---

[1] WARD, Susan. *What Is Business Networking & What Are the Benefits?* Disponível em: www.thebalancesmb.com/what-is-business-networking-and-what-are-the-benefits-2947183. Acesso em: 23 mar. 2020.

Falar é fácil, mas o famoso **Q.I.**[2] é uma arte a ser desenvolvida no dia a dia. Segundo a *Harvard Business Review*[3], criar uma estrutura de contatos pessoais, que fornecerá suporte, *feedback*, discernimento, recursos e informações é, simultaneamente, um dos mais evidentes e temíveis desafios de desenvolvimento que os aspirantes a líderes devem enfrentar.

Antes de tudo, lembre-se: um *networking* eficaz é o fator determinante para a diferenciação entre líderes e bons gestores meramente.

E quem podemos chamar de **líder**?

Adotamos a melhor definição possível como sendo aquele que *"é capaz de traduzir para a equipe o propósito e a estratégia de negócio do escritório, e* **conduzir** *todos em ações em busca das metas estabelecidas"*[4]. Fazemos destaque aqui ao verbo conduzir, pois um bom líder não é aquele que se senta atrás de uma mesa e apenas cria regras e delega trabalho, vociferando ordens infindáveis. Um líder, por excelência, é aquele que, à frente de sua equipe, faz a gestão dos problemas, das relações e conduz todos à melhor solução, alavancando o crescimento da empresa.

Mas onde o *networking* se encaixa nisso tudo? Para Curt Grayson, autor do livro *Leadership networking: connect, collaborate, create*: "um robusto *networking* na liderança ajuda a fornecer acesso a pessoas, informações e recursos" e, ainda, "vai além de conhecer ou vincular-se a muitas pessoas diferentes. Trata-se de poder usar essas conexões com sabedoria para resolver problemas e criar oportunidades". O *networking* pode ter um papel decisivo no sucesso de sua carreira e abrir novas oportunidades, tanto para sua empresa quanto pessoalmente.

Em última instância, o *networking* é uma arte. Fazemos aqui uma analogia ao incrível livro *A arte de argumentar*[5], ou seja, pode-se afirmar que criar uma rede de conexões é a arte de **convencer** e **persuadir**. Aqui, espanta-se o leitor: "Então estamos nos focando em manipular?!?". Esse não é o caso. Um ótimo *networking* é uma ótima colaboração, não podendo ser traduzido de forma mais simplista.

O foco aqui deve manter-se na etimologia das palavras convencer e persuadir. Como didaticamente nos ensina Suárez Abreu[6], aquelas traduzem, respectivamente,

> [...] VENCER JUNTO COM O OUTRO (com + vencer) e não CONTRA o outro. PERSUADIR é saber gerenciar relação, é falar à emoção do outro. A origem dessa palavra está ligada à preposição PER, 'por meio de', e a SUADA, deusa romana da persuasão Sedgwick.

No final, todo empresário tem noções de convencimento e persuasão, aplicando-as subconscientemente. Agora é momento de, conscientemente, aplicá-las ao seu favor.

---

[2] Tecnicamente designado como Quociente Intelectual, mas informalmente conhecido como "Quem Indica".

[3] HARVARD BUSINESS REVIEW. *How Leaders Create and Use Networks*. Disponível em: hbr.org/2007/01/how-leaders-create-and-use-networks. Acesso em: 11 de fev. de 2020.

[4] AURUM. *Como Ser Uma Boa Liderança Na Advocacia e Inspirar Sua Equipe*. Disponível em: aurum.com.br/blog/lideranca-na-advocacia/. Acesso em: 11 de fev. de 2020.

[5] ABREU, Antônio Suárez. *A Arte de Argumentar – Gerenciando Razão e Emoção, São Paulo*: Ateliê Editorial, 2008, p. 15.

[6] Idem.

Em primeiro lugar, o aspirante à liderança irá, em diversos pontos de sua jornada, inevitavelmente se deparar com pessoas que despertarão o desejo de conexão. Há momentos onde não há como pensar algo diferente de *"preciso me aproximar dessa pessoa"*. Sempre que essas oportunidades surgirem, é necessário agir com o intuito de convencimento e persuasão.

Devemos, ao abordar certo indivíduo, usar das técnicas de convencimento e, como cita Chris Voss em diversos pontos de sua obra-prima *"Never Split The Difference"*[7], criar a oportunidade para que a pessoa na qual temos interesse, com as próprias palavras, **te apresente sua** ideia, mas convencida de que a ideia foi dela. Com isso, sua influência estará plenamente exercida; a outra parte passa a pensar como nós.

Agora, o segundo ponto requer paciência. Implementado o convencimento, este gerará a persuasão. Persuasão aqui entendida como construir no terreno das emoções, sensibilizar o outro para agir. O último plano é simplesmente quando alguém realiza algo que desejamos que ele realize. Ora, o convencimento é imprestável sem a persuasão para os fins do *networking*.

Em síntese, em uma última análise, fazendo nossas as palavras de Antônio Suárez, o *networking* é "a arte de, gerenciando informação, convencer o outro de alguma coisa no plano das ideias e de, gerenciando relação, persuadi-lo, no plano das emoções, a fazer alguma coisa que nós desejamos que ele faça".

Entendidos todos os conceitos e as melhores práticas do *networking*, passamos a elencar 5 dicas[8], trazendo à nossa língua o que nos ensina Lynn Sedgwick[9] para criar sua rede de conexões.

Busque um mentor

Tente pensar quem você considera um *networker* impressionante, com resultados perceptíveis e que possa fornecer algumas dicas importantes. Pode ser um membro da família ou amigo, colega de trabalho, um superior ou até alguém do seu tempo na faculdade, inclusive seus professores. Pergunte a essas pessoas se elas se importariam de conversar com você e dar-lhe algumas dicas sobre como formar efetivamente vínculos profissionais. Provavelmente, eles deixarão você refletir sobre algumas ideias que permitirão aprimorar e afiar suas habilidades.

Prepare o terreno

Uma das partes mais importantes do *networking* é o passo inicial – e **as primeiras impressões contam**. Como você se apresentará e se descreverá às pessoas de uma maneira envolvente e concisa?

Novamente, a melhor maneira de fazer isso eficazmente é obter *feedback* da sua rede, pedir que eles ouçam seu discurso e oferecer críticas construtivas se necessário. No

---

[7] VOSS, Chris; RAZ, Tahl. *Never Split The Difference: Negotiating As If Your Life Depended On It*. New York: Random House, 2016.

[8] SEDGWICK, Lynn. *5 Top Tips For Networking in the Legal Sector*. Disponível em: clayton-legal.co.uk/blog/5-top-tips-for-networking-in-the-legal-sector-722311135123. Acesso em: 23 de mar. de 2020.

[9] Cabe ressaltar que Lynn Sedgwick elenca cinco dicas voltadas aos profissionais do direito. Porém, com a devida adaptação, entendemos que tais orientações são aplicáveis a qualquer área empresarial.

entanto, você também deve ter cuidado para não ensaiar demais; nada parece menos autêntico do que uma introdução polida demais.

Definir alvos

Se você estiver participando de um evento com 500 empresários ou líderes de outros segmentos, não precisará necessariamente falar com cada um deles. **Considere seus motivos** para realmente participar do evento. Você está procurando novas oportunidades comerciais ou talvez esteja alinhando seu próximo potencial parceiro/cliente?

Identifique seus principais alvos e reserve um tempo para conversar com eles sempre que possível. É muito melhor ter cinco conversas detalhadas com as partes interessadas relevantes do que 100 reuniões mais curtas com qualquer pessoa e todos que você encontrar.

Encontre similaridades

Os melhores *networkers* não se atêm apenas aos tópicos mais complicados ao fazer *networking*, como, por exemplo, o prazo de envio da ECD através do SPED para as empresas tributadas pelo lucro real que optaram por elaborar escrituração contábil completa. Eles reconhecem que se trata de mostrar **empatia** e descobrir mais sobre a pessoa com quem estão falando. E, afinal, a maioria das pessoas gosta de falar de si, de modo que encontrar um terreno comum é de suma importância. Seja futebol, ciclismo, seus filhos ou qualquer outra coisa em que você possa pensar, é mais fácil construir relacionamentos mais fortes se você tiver algum tipo de interesse em comum.

Acompanhamento

É importante conhecer pessoas em um evento, mas isso significa pouco se você não acompanhar. Se ajudar, use aplicativos de *Planner* ou de CRM e faça uma breve anotação sobre os contatos que você recebeu para lembrar-se do indivíduo e das informações que prometeu enviar no dia seguinte. Para tanto, podemos indicar aplicativos como Agendor, Linkseller, Pipedriver, Salesforce, RD Station, Bitrix24, por exemplo, ou você pode criar um controle pessoal, por planilha, agenda entre outros.

Isso leva a outro ponto-chave: **a importância da reciprocidade**. As pessoas provavelmente se sentirão muito mais inclinadas a ajudá-lo se você puder oferecer algo que as ajude. Isso significa que, se você tiver uma solução para um problema o qual alguém que você conheceu esteja enfrentando, não seja egoísta e a apresente para eles.

No mais, como fica claro com a leitura do artigo *"Take the Work Out of Networking: Real Member Perspectives"*, publicado pelo LinkedIn[10], o fortalecimento do seu relacionamento não precisa ser complexo, já que *"gestos simples, fáceis e rápidos são bem-sucedidos no LinkedIn. Tente comentar sobre a atualização de um colega, 'gostar' de uma mudança de emprego ou aniversário ou enviar uma nota rápida para seu antigo mentor".*

Crie valor para as pessoas! Afinal, é mais provável que eles tenham um bom conceito em relação a você por facilitar a vida deles e, portanto, tem mais chances de ajudá-lo em qualquer área que você precisar.

---

[10] LinkedIn Official Blog. *Take the Work Out of Networking: Real Member Perspectives*. Disponível em: blog.linkedin.com/2015/05/18/take-the-work-out-of-networking-real-member-perspectives. Acesso em: 31 mar. 2020

Conclusão

Os jogos são vencidos por jogadores que se concentram no campo de jogo, não por aqueles que mantêm os olhos colados no placar.

Warren Buffett.

Podemos concluir que um **Líder**, mesmo no uso de todas as ferramentas a seu alcance, não pode deixar de considerar a mais importante de todas: o insubstituível *networking*. Ainda, além de todos os motivos considerados, devemos voltar à atenção a um único motivo: o *networking* funciona!

A maioria dos *networkers* sabe que os negócios são gerados por meio de atividades sustentadas por uma rede de conexões de profissionais. Ainda, é necessário sempre manter em mente que as relações de qualidade levam tempo para serem construídas e fortalecerem-se com o tempo e que não podem ser mantidas sem comunicação regular.

E, mais, as pessoas apreciam e lembram-se de quando você mostra interesse pessoal por elas ou por outras pessoas importantes em suas vidas (família, funcionários, atividades de caridade). Assim, para alcançar tais objetivos, deve o empreendedor utilizar-se do convencimento e da persuasão, inerentes à atividade, para que faça com que suas conexões pensem como ele e estejam alinhadas com seus objetivos.

Seus contatos precisam ser mais do que uma mera troca de cartões de visita. Conheça pessoas novas regularmente. Busque interagir, manter seus contatos e gerar infinitas oportunidades. Por fim, lembre-se: as pessoas negociam com pessoas de quem gostam, confiam e sentem-se à vontade.

Referências

ABREU, Antônio Suárez. *A arte de argumentar – gerenciando razão e emoção*. São Paulo: Ateliê Editorial, 2008.

AURUM. *Como ser uma boa liderança na advocacia e inspirar sua equipe*. Disponível em: <http://aurum.com.br/blog/lideranca-na-advocacia>. Acesso em: 11 de fev. de 2020.

HARVARD BUSINESS REVIEW. *How Leaders Create and Use Networks*. Disponível em: <http://hbr.org/2007/01/how-leaders-create-and-use-networks>. Acesso em: 11 de fev. de 2020.

LINKEDIN OFFICIAL BLOG. *Take the Work Out of Networking: Real Member Perspectives*. Disponível em: <http://blog.linkedin.com/2015/05/18/take-the-work-out-of-networking-real-member-perspectives>. Acesso em: 31 de mar. de 2020.

SEDGWICK, Lynn. *5 Top Tips For Networking in the Legal Sector*. Disponível em: <http://clayton-legal.co.uk/blog/5-top-tips-for-networking-in-the-legal-sector-722311135123>. Acesso em: 23 de mar. de 2020.

THE BALANCE – Small Business. *What Is Business Networking & What Are the Benefits?*. Disponível em: <http://thebalancesmb.com/what-is-business-networking-and-what-are-the-benefits-2947183>. Acesso em: 23 de mar. de 2020.

VOSS, Chris; RAZ, Tahl. *Never Split The Difference: Negotiating As If Your Life Depended On It*. New York: Random House, 2016.

2

DOS MÉTODOS TRADICIONAIS DE RELACIONAMENTO ÀS TÉCNICAS MAIS AVANÇADAS DE LIDERANÇA

Este capítulo apresenta técnicas de liderança fundamentais para o sucesso de todo negócio. O CEO da rede Rei do Mate, Antonio Carlos Nasraui, com base em sua exitosa jornada profissional, faz também uma verdadeira imersão no setor do *franchising*, apontando estratégias e referências que podem inspirar profissionais e líderes de hoje e do futuro.

ANTONIO CARLOS NASRAUI

Antonio Carlos Nasraui

É CEO da rede Rei do Mate, a maior rede de produtos à base de mate e maior rede de café do Brasil, formado em Direito pela FMU e em Economia pela PUC de São Paulo.

Contatos
www.reidomate.com.br
11 3897-9335

Temos a ideia de que liderar é conduzir, administrar e gerir um negócio de modo que ele promova, com efeito, um encantamento em seus colaboradores, fornecedores, parceiros e em toda a cadeia que tem conexão com esse negócio direta ou indiretamente. Entendo também que liderar reúne propósito, competências profissionais e equilíbrio para enfrentar qualquer tipo de crise a fim de encontrar as melhores saídas, soluções e celebrar cada nova conquista bem como o próprio sucesso do negócio perante o mercado.

Sempre que falo sobre liderança, gosto de traçar um paralelo entre os estilos de lideranças, do tradicional às novas tendências, para que se possa encontrar as melhores estratégias ou mesmo auxiliar outros profissionais que planejam um novo negócio ou que estejam prestes a liderar seus respectivos negócios. Pratico esse exercício porque é preciso reforçar que não há mais espaço para o líder que só cobra por resultados a qualquer custo sem apontar caminhos para esse fim; que deixa de ouvir a equipe de colaboradores; que tem pouca formação acadêmica; que tem a palavra final (tipo "sabe-tudo"); que é desconectado do mundo ao seu redor; que conhece o mercado superficialmente e desconhece os desejos dos clientes.

Liderar, hoje, é ser democrático nas tomadas de decisões, ser participativo, buscar inovações permanentemente, aprimorar os conhecimentos com frequência, consultar a sua equipe até mesmo em cenários mais delicados que os habituais, estar alinhado ao dinamismo da comunicação em todos os aspectos, pois, sobretudo, vivemos em um mundo cada vez mais digital.

Dando sequência a esta breve abordagem sobre os métodos tradicionais e os mais avançados estilos de liderança, recentemente reli um artigo sobre o trabalho realizado pelo renomado escritor, psicólogo e jornalista da ciência Daniel Goleman, autor de vários *best sellers* como *Inteligência emocional*. Ele menciona seis estilos de liderança e como cada um deles possui efeitos distintos sobre as equipes de colaboradores.

Esses estilos são: estilo de liderança direcionador, ou seja, aquele que exige a excelência de sua equipe e, na maioria dos casos, coloca-se como o próprio modelo a ser seguido, ameaçando punir ou dispensar os colaboradores que não atingem as metas solicitadas; estilo de liderança coercitivo, que exige o cumprimento de uma ordem inédita esperando total conformidade no que solicitou, estilo esse que pode alienar os colaboradores e não contribui em nada com as inovações; estilo de liderança na linha "venha comigo", que cria um espírito de empreendedorismo e de entusiasmo na equipe para que as metas possam ser alcançadas, sendo muito empregado quando uma mudança requer uma nova visão ou uma direção mais clara, na qual predominam a autoconfiança e a empatia, promovendo mudanças e motivação entre os colaboradores; estilo de liderança maternal, que é muito utilizado como forma de motivação de equipes, especialmente em momentos de estresse e quando é preciso recobrar a confiança na equipe; estilo de líder instrutor, que desenvolve sua equipe para o futuro, sempre pretendendo ajudar, de fato, os membros de seu time a se tornarem bem-sucedidos individualmente; finalmente, o estilo de liderança democrático, em que o líder constrói um consenso por meio da participação de todos, criando um ambiente de confiança, respeito e liderança participativa.

Outro aspecto apontado nos estudos de Goleman sobre esses estilos de liderança é que um dos segredos de todo líder é saber equalizar todos esses estilos de liderança, já que cada um deles pode vir a apresentar vantagens e desvantagens. Entendo, assim, que o líder deve sempre ser totalmente alinhado ao momento que um negócio esteja atravessando para lançar mão desses estilos de liderança individual ou pontualmente.

Percepções da liderança no contexto do *franchising*

Esta verdadeira imersão no tema liderança é muito oportuna quando se pensa no *franchising*, que é sinônimo de padrão e relacionamento. Isso quer dizer que a liderança precisa ser aplicada a todo o momento nessa modalidade de negócio; da expansão até a manutenção de qualidade da relação entre franqueador e franqueado.

Nessa relação, o franqueador deve sempre manter proximidade com o franqueado e entendê-lo como um parceiro que investe na marca e paga, mensalmente, pelos serviços prestados. Aliás, é dessa forma que venho procedendo como líder da rede Rei do Mate há mais de 30 anos.

O *case* Rei do Mate traduz essa relação entre franqueador e franqueado. Sempre menciono que pensamos no franqueado a todo momento, trocamos ideias em busca do aprimoramento, atendemos cada franqueado prontamente, seja qual for a dúvida, além de mantermos uma relação de transparência e respeito. Aproveito para registrar algumas de minhas percepções como líder desse negócio: entendo que liderar também requer o que denomino "paixão pelo que se faz". Aliás, sempre recordo de um dos rituais que melhor traduz essa paixão pelo negócio: após as aulas, na escola, dirigia-me rapidamente até o ponto do ônibus que me conduzia, diariamente, até a loja do meu pai, onde adorava ajudá-lo a servir os clientes no balcão naquela que foi a primeira loja Rei do Mate, na esquina entre as Avenidas São João e Ipiranga, na cidade de São Paulo, criada em 1978. Daquela fase em diante, o negócio só prosperou, assim como o meu imenso interesse em liderá-lo, sempre com pioneirismo, mesmo quando foi introduzido no formato de *franchising* nos anos 1990. Dali para a frente, repaginei a marca e coloquei mais itens no cardápio, que antes era bem restrito ao chá-mate. Alavanquei a ideia de introduzir lojas nos shoppings para desvincular a imagem que se tinha de apenas uma "loja localizada no centro paulistano".

Como líder, somado a esse perfil, destaco que um dos segredos de todo franqueador é escolher bons parceiros: pessoas engajadas, que gostem da marca. De nada adianta uma pessoa querer se aliar a uma marca se não gostar de seu produto e não gostar do varejo, por exemplo.

Para inspirar lideranças do *franchising*, menciono alguns momentos em que a liderança é importante em nosso negócio:

- Expansão: ao analisar o perfil do candidato e as características do negócio, a forma de expor e de conversar, mostrando como a empresa é conduzida e o que se espera das partes (franqueador e franqueado).

- Implantação da loja e treinamento: a liderança aparece na necessidade de expor, explicar e treinar o padrão do negócio, sempre ouvindo e aprendendo com a experiência que cada candidato a ser franqueado pode trazer.
- Supervisão: aqui o relacionamento se torna ainda mais evidente, pois além das características pessoais, entra a importância de ouvir e entender as necessidades da região e do negócio. Uma vez recebidas essas informações, elas acabam sendo cruzadas com a visão, a missão e os valores da empresa de modo que seja feito o alinhamento entre as partes.
- Comunicação: é ferramenta poderosa para um trabalho de liderança através da empatia. Para isso, são utilizados vários canais de comunicação como WhatsApp, reuniões presenciais ou virtuais, telefonemas e convenções.
- Relacionamento com a equipe das lojas: através da figura do treinador, nutricionista e supervisor de campo, o contato com a equipe de loja é bem próximo e esses profissionais precisam ser firmes para incentivar o bom trabalho de forma organizada, a relação entre todos (trabalho em equipe) e a descoberta e/ou preparo do líder que estará entre eles. É preciso que eles entendam da franquia para liderar dentro do nosso padrão.
- Fornecedores: a nossa liderança entra desde o período da escolha da empresa, produto, preços etc. para que se compreenda o que é preciso para nos entender e oferecer o melhor para a rede.

Outras tendências de liderança e relacionamento no *franchising*

Quero destacar algumas das tendências de liderança e relacionamento que têm impactado o *franchising* em âmbito mundial. De acordo com recente análise de Greg Nathan, renomado especialista em relacionamento nas redes de franquias do mundo, muito se propaga sobre corporatização das franquias, ou seja, quando uma rede cresce fora da competência do fundador e acaba precisando de um administrador profissional. Nesse caso, há ainda *cases* onde o fundador ou o dono da marca busca vender para investidores (fundos de capital) ou as empresas buscam se tornar públicas e abrirem capital. Qualquer que seja a opção, saiba que é preciso muita cautela na forma como o negócio deve ser conduzido e que toda transição precisa ser habilmente estudada.

Outra tendência no setor do *franchising* diz respeito às novas regulamentações. Há governos que tendem a estar mais envolvidos a criá-las. Nos Estados Unidos, por exemplo, discute-se que as franqueadoras devem ser as responsáveis pelas práticas de contratação dos franqueados; já na Austrália, essa prática acontece e é lei. Mais uma tendência apontada por Nathan diz respeito às informações oferecidas aos candidatos a franqueado: é fundamental que o franqueador seja próximo aos franqueados, fornecendo-lhes informações e os atualizando permanentemente. O especialista também aponta a parte psicológica como sendo altamente importante para o sucesso de uma rede, pois as emoções também fazem parte do sistema de franquias – só se o franqueado confiar no franqueador é que poderá aceitar sua liderança, além de se sentir engajado ao negócio, contribuindo, de fato, para sua expansão. Nathan também destaca que outra tendência está no processo de seleção, sendo ideal que o franqueado escolha o franqueador e vice-versa.

Visão de futuro

Em 2020, o nosso negócio, assim como a economia mundial, foi impactado pela pandemia da COVID-19, o que gerou uma crise sanitária jamais cogitada. Diante desse cenário, enquanto líder, segui pautado na transparência e na ética para com todos que estão conectados ao negócio, propagando, inclusive, a importância da união na tomada de decisões. Mantive a forma característica de administrar as relações com um canal aberto de comunicação, soube dimensionar essa crise, fiz com que todo e qualquer planejamento anterior a ela ou mesmo prioridades fossem revistas. Exerci a liderança focada no planejamento e na execução rápida, dando andamento às inovações necessárias para atender aos novos anseios do mercado e dos consumidores. Estive muito atento ao fluxo de informações e à comunicação para fornecer os subsídios necessários a todo franqueado, valorizando ideias, contribuições, opiniões e estabelecendo uma cultura de confiança. Assumi, também, o chamado estilo de líder servidor, aquele que é preocupado em replicar novos líderes, ensinar outras pessoas a liderar e oferecer novas oportunidades para o crescimento. Todos esses processos só foram colocados em prática graças a absoluta conexão com colaboradores, parceiros, fornecedores e franqueados.

Além disso, sempre que posso, menciono uma das leituras que mais trouxe benefícios e ampliou meu conhecimento sobre o tema liderança. Trata-se do capítulo "Ferramentas do líder", do livro *Nos bastidores da Disney*, de Tom Connellan, um dos maiores especialistas norte-americanos em fidelidade de clientes. A partir dessas ferramentas, que são indicadas para empresas de diferentes tamanhos e setores, pude entender um pouco mais sobre como liderar e negociar com clientes, por exemplo. Uma das propostas chaves, de acordo com ele, consiste em preparar uma lista de questões importantes a serem discutidas e apresentá-las durante reuniões e discussões sobre o negócio. Essas questões podem ser formuladas pelo líder e pelos colaboradores (fornecedores, parceiros) que venham a participar de cada reunião. Consiste em um permanente exercício que ajuda a trocar experiências entre líder e liderados. Vale destacar que é sempre o líder quem conduz essas reuniões e torna-se fundamental resumir os principais pontos levantados (ou seja, as respostas de cada um) e refletir sobre cada um deles em busca de soluções ou novas ideias para o negócio. Aliás, nesse mesmo livro, foi igualmente importante praticar uma das lições apresentadas pelo autor, que trata da questão do entusiasmo. Em algum momento, caro leitor e líder do futuro, você pensou em como tornar toda a cadeia de relacionamentos conectados ao seu negócio mais entusiasmada? Eis uma experiência gratificante e que pode trazer melhorias contínuas ao negócio.

Concluo esta breve abordagem com uma reflexão inspiradora do consultor inglês Simon Sinek: "Se você não entende de pessoas, você não entende de negócios". Carrego comigo essa premissa fundamental e totalmente alinhada com a minha visão de futuro. Estou certo de que, por meio da conexão com as pessoas, todo negócio só tem a prosperar.

3

A INTELIGÊNCIA EMOCIONAL APERFEIÇOANDO AS RELAÇÕES

Como utilizar a inteligência emocional para atingir e manter resultados decorrentes das relações humanas? Neste capítulo, aprofundaremos nossa capacidade empática com três técnicas de sucesso capazes de alterar significativamente nossas percepções e resultados em interações pessoais e profissionais.

BRUNO FERREIRA ALEGRIA

Bruno Ferreira Alegria

Professor em graduação e pós-graduação desde 2005. Doutor em Ciências Jurídicas e Sociais. Palestrante e *Trainer* comportamental. Fundador do Alfa Instituto — Treinamento e Desenvolvimento Humano. Analista comportamental com certificação internacional pela BCI — *Behavorial Coaching Institute*. Masterpractitioner e *Trainer* em PNL — Programação Neurolinguística. *Leader Coach*, certificado internacionalmente por: Behavioral Coaching Institute (BCI), Global Coaching Community (GCC), International Coaching Council (ICC) e International Association of Coaching (IAC) — IAC Coaching Masteries. Professor de Hipnose em Curso Livre e Hipnose Clínica, com formação pela Sociedade Brasileira de Hipnose — Hipnose Institute — Hi-Brain e A. C. Academia, em Hipnose Terapêutica. Professor em MBA's por todo o Brasil, em Desenvolvimento Humano e Psicologia Positiva. Coautor do livro *Momento Zero — o ponto de partida que mudará sua vida*. Ed. Literare Books.

Contatos
www.brunoalegria.com.br
brunoalegria@yahoo.com.br
Linkedin: Bruno Alegria
Instagram: @drbrunoalegria

> *Eles podem até esquecer o que você disse,*
> *mas nunca esquecerão como você os fez sentir.*
>
> Carl W. Buehner, *Richard Evans' quote book*, 1971.

Desde que direcionei minha carreira para o desenvolvimento de pessoas, um fator me chamou muito a atenção. A maior dificuldade nas relações pessoais e profissionais provinha da incapacidade das pessoas se comunicarem de maneira eficaz.

Pude perceber, em treinamentos e cursos que ministrei, que uma mesma opinião era compartilhada entre indivíduos, líderes e liderados, mas que a dificuldade de controlar as emoções fazia com que as pessoas acreditassem em uma divergência inexistente e, por conta disso, conflitos não se resolviam enquanto resultados eram perdidos ou abandonados.

A partir dessa constatação, tenho buscado cada vez mais utilizar a inteligência emocional como abordagem no desenvolvimento humano, aliada a outras ferramentas conhecidas e em evidência. A inteligência emocional pode ser utilizada em um número vasto de casos que dependem da relação entre as pessoas, e essa interação é exigida para saber liderar, vender, resolver conflitos, recrutar uma equipe e negociar. As maiores organizações buscam identificar competências e habilidades que direcionem a esse status.

Saber utilizar de forma intencional suas emoções e sentimentos a fim de obter o comportamento mais adequado e, consequentemente, atingir os melhores resultados é uma busca incansável. Entretanto, é preciso destacar uma diferença entre atingir um resultado e manter esse resultado.

Atingir é possível com técnicas atualizadas ou clássicas, e até mesmo sem nenhuma metodologia. Mas manter tais resultados exigem uma capacidade de estabelecer constância, e um elemento é muito importante para esse feito: gerar satisfação recíproca! E é aí que a inteligência emocional se torna um diferencial, pois atende a uma demanda intrapessoal, ao organizar suas próprias emoções ao seu favor; e interpessoal, ao garantir que as emoções e sentimentos alheios sejam nutridos e correspondidos.

De forma mais direta, a inteligência emocional tem se mostrado uma excelente ferramenta para que as suas emoções, e as emoções das pessoas envolvidas nas suas relações sejam respeitadas, potencializadas, controladas e correspondidas.

O conceito, introduzido na década de 1990 por Peter Salovey e John Mayer, e popularizado por Daniel Goleman, aponta que reconhecer e saber como agir em relação às próprias emoções e às emoções dos outros garante não apenas mapear o estado em que as relações se encontram, mas permite conduzir de forma consciente e 'inteligente' as relações para aquilo que se espera delas, potencializando a satisfação, a eficiência e o progresso nos resultados.

E para auxiliar nesse processo em busca de uma comunicação eficaz nas relações é que abordaremos três técnicas que proporcionam um cenário positivo para reconhecer e reagir às emoções alheias. São elas:

- Confiabilidade e confiança – o elemento que inicia e mantém a conexão da interação.
- Vulnerabilidade ao comunicar – sentir segurança em expor o que pensa, o que sente e o que pretende em uma relação.
- Escuta ativa – conectar-se exclusivamente na mensagem emanada pelo outro indivíduo.

Cada uma dessas técnicas relaciona-se entre si, ou seja, a técnica seguinte carrega consigo as características da técnica anterior e, por esta razão, merecem ser vistas como níveis. Guarde esta informação.

Confiabilidade e confiança

Em determinados momentos da minha vida profissional, mais precisamente durante algumas palestras e cursos, já me veio à mente essa pergunta várias vezes: Por qual motivo essas pessoas estão me ouvindo? Talvez você também já tenha experimentado isso durante uma reunião, uma apresentação, ou até mesmo em um evento social. Qual a razão das pessoas manterem-se ouvindo o que estamos dizendo?

Não é apenas pelo que está sendo dito, mas também (e principalmente) por quem está sendo dito. E exatamente aqui entra a confiança e a confiabilidade, invertidas propositalmente, e isso fará sentido logo mais.

Confiança é a capacidade que possuímos de conectar-nos a pessoas ou instituições por acreditarmos que possuem reputação, agem de forma congruente e são capazes de atender às nossas expectativas.

Confiabilidade é o quanto nós transmitimos esta congruência a ponto de fazer com que as pessoas nos "deem confiança".

A confiabilidade é composta de dois movimentos. Um primeiro, capaz de produzir expectativa; e um segundo responsável por gerar interesse.

A expectativa é desenvolvida por conta do currículo de alguém, pelo anúncio de um lançamento, pelo trailer de um filme. Já o interesse é decorrente da satisfação gradual da expectativa, ou melhor dizendo, por corresponder àquela expectativa pouco a pouco.

Perceba que, quando você chegou neste capítulo, viu o currículo deste autor, notou o título e até um resumo do que encontraria nas linhas seguintes. À medida que vai lendo cada parágrafo, eu me esforço em conteúdo e técnica para que valha a pena continuar sua leitura (sua expectativa) e com isso ser transmitido todo o conhecimento (minha expectativa).

Por outro lado, também surge em mim outra expectativa referente ao que você, caro leitor, está concluindo. Pronto, estabelecemos a nossa relação! Mas é, sem dúvida, uma relação de interações limitadas, diferente do que ocorre nos cenários que te exigem mais interação.

A propósito, observe que, quanto mais interação houver, mais fortificada será a relação. E quanto mais se fortalece a relação, maior é o fluxo de confiabilidade e confiança. Um ciclo autossustentável, mas que, de todo modo, é possível reconhecer que é necessário, em primeiro lugar, ser confiável para depois confiar, e a partir daí permitir que a coisa toda flua.

Note que o primeiro movimento da confiabilidade convida a outra pessoa a dar confiança. Uma vez iniciada a interação, o segundo movimento estabelece a busca pelo resultado pretendido por ambos. Tendo isso em mente, perceba que, em todas as suas relações, você é a pessoa mais importante para gerar a abertura tão desejada.

E, aqui, a inteligência emocional atua de forma bastante útil. Antes mesmo de desejar a confiança das pessoas, perceba como você tem agido, quais emoções manifestam-se no seu cotidiano e se existe harmonia entre as suas emoções e os seus objetivos.

Qual sentimento você tem transmitido para as pessoas quando elas te notam antes mesmo de você iniciar a interação? Quais emoções você percebe nas pessoas quando elas depositam confiança em você? As emoções pretendidas são as mesmas notadas?

Em resumo, podemos dizer que, antes mesmo de iniciar uma interação, você é responsável por gerar confiabilidade, e esta confiabilidade inicial depende das emoções que se manifestam nas suas representações internas (intrapessoalidade) e que se comunicam à outra pessoa (interpessoalidade). Mais do que isso, é identificar a emoção, o anseio que permeia os outros, e adequar seu comportamento de modo que as pessoas lhe deem ouvidos. Não é somente oferecer o que os outros esperam. É utilizar suas emoções para gerir uma maneira de possuir o que as pessoas necessitam.

Estabelecida a interação e alimentado o ciclo de confiabilidade e confiança, a próxima técnica envolve, agora, sua capacidade de fortalecer a relação.

Vulnerabilidade ao comunicar

Eu estou seguro de que a vulnerabilidade é o maior elemento promovedor de empatia entre qualquer ser humano. Digo isso pelas reações que surgem em decorrência da vulnerabilidade. Ser vulnerável não é ser fraco; muito pelo contrário. Ser vulnerável exige uma dose de coragem significativa. A vulnerabilidade é a capacidade que um indivíduo possui de expor seus anseios, assumindo o risco de julgamentos por um lado, mas, por outro, evidenciando seu propósito.

Falar da vulnerabilidade ao comunicar-se é um dos temas que mais me satisfazem. Talvez pelo fato desse assunto contrariar algumas pressuposições tradicionais de que não devemos expor nossos objetivos sob o risco futuro de sermos vítimas das nossas revelações. É provável que você já tenha ouvido algo nesse sentido. Eu, particularmente, ouso discordar integralmente desse tipo de concepção.

Pense por um instante em uma grande amizade sua. Você saberia dizer, ao certo, qual o momento em que teve certeza de que essa amizade era valiosa na sua vida? É bem capaz que tenha sido em um momento de dificuldade, onde uma das partes precisou de um auxílio e a outra esteve lá para ajudar. Pois bem, de forma bem sucinta, você conseguiu compreender que a vulnerabilidade faz com que as pessoas demonstrem de forma clara o que necessitam e, ainda, permite fortalecer as relações.

A vulnerabilidade toca o lado humano, gera empatia e expõe as intenções que motivam os comportamentos. No meio profissional, não é diferente. As metas que você precisa atingir possuem como motivação uma melhor remuneração, uma promoção, um plano de carreira individual, uma missão. Ao atender a um cliente, liderar uma equipe, apresentar um trabalho ao superior, experimente conduzir suas emoções de modo que as pessoas percebam como você julga importante aquilo que está fazendo.

Procure gerir emoções como inspiração, esperança, alegria, orgulho para expor como essas relações são importantes para que você atinja os seus objetivos. Em pouco tempo, você notará que as pessoas estreitarão as suas relações, a ponto de tornarem-se aliadas no seu processo. Mas lembre-se: vulnerabilidade só funciona depois de gerada confiabilidade e confiança.

Escuta ativa (dinâmica)

Quando falamos em comunicação eficaz nas relações, é impossível não mencionar as negociações. E dentro de qualquer estratégia de negociação, notamos o quão importante é identificar o objetivo das outras pessoas envolvidas.

Mas não apenas na negociação. Para liderar indivíduos, recrutar e selecionar equipes, resolver conflitos ou cooperar de forma mútua, identificar a pretensão alheia significa descobrir o que motiva as pessoas a se manterem nas relações; e a escuta ativa é a técnica que adequadamente atinge esse objetivo.

Praticar a escuta ativa significa conectar-se ao outro de forma integral com o foco totalmente voltado ao momento presente, podendo observar informações e perceber emoções da outra pessoa. Significa gerar segurança, por meio da confiabilidade, para que assuntos sejam tratados sem julgamento, abstendo-se da emoção de querer 'ser o dono da razão'. Exige, ainda, controlar suas emoções a ponto de não interferir enquanto o outro estiver falando e, principalmente, só opinar quando solicitado, preferencialmente com perguntas que conduzam a uma reflexão. Talvez seja a técnica na qual mais se espera, e melhor se aproveita, a inteligência emocional.

Hendrie Weisinger (2001) aborda a escuta dinâmica como uma prática da inteligência emocional que desenvolve um elevado grau de autoconsciência para o processo de compreender e reconhecer a outra pessoa e então responder a ela. Para tornar essa técnica possível, o autor sugere três passos: tomar consciência dos nossos filtros pessoais, elaborados com base nos nossos pensamentos, ideias e sentimentos; eliminar tais filtros pessoais, o que corresponde a suspender nossos julgamentos; e, por fim, absorver o subentendido emocional, que significa identificar os sentimentos que motivam o comportamento alheio.

Em resumo, para estabelecer a escuta ativa de forma empática, é preciso entender suas emoções e sentimentos, controlá-los para não realizar julgamentos indevidos ou precipitados, e depois identificar as emoções e julgamentos dos outros.

Uma vez estabelecida essa forma de escuta, é bem provável que a relação alcance um nível superior em que a vulnerabilidade é exposta e respeitada. Imagine, por um momento, o quão formidável seriam intenções mútuas voltadas a atingir propósitos também mútuos que, por diversas vezes, possuem algo em comum. Por certo, o processo de otimizar relações exige outros aspectos que merecem sua atenção. Mas que tal (re)ver esses passos iniciais e aprofundar com os outros capítulos que você encontrará neste livro?

Referências

WEISINGER, Hendrie, Ph.D. *Inteligência Emocional no trabalho: como aplicar os conceitos revolucionários da I.E. nas suas relações profissionais, reduzindo o estresse, aumentando sua satisfação, eficiência e competitividade.* Rio de Janeiro: Objetiva, 2001.

4

OTIMIZANDO RELAÇÕES — SOB A PERSPECTIVA DA BOA-FÉ OBJETIVA CONTRATUAL

Caro leitor, neste capítulo trataremos sobre como otimizar relações pela perspectiva do princípio da boa-fé objetiva, ou seja, como esse importantíssimo instituto pode trazer ganhos nas negociações. Após conhecer esse princípio que apontaremos por aqui, você poderá adotá-lo como forma de conduta, o que, no decorrer do tempo, será um diferencial nas suas relações negociais. Abordaremos, ainda, a sua aplicação para otimizar relações e evitar o contencioso judiciário.

CAIQUE PIRES

Caique Pires

Advogado, graduado pelo Centro Universitário das Faculdades Metropolitanas Unidas - FMU, pós-graduando em Direito Tributário pela Pontifícia Universidade Católica de São Paulo - PUC-SP, escritor e palestrante. Profissionalmente, atua como consultor jurídico.

Contatos
E-mail: adv.caique@outlook.com
Linkedin: caiquelima7@hotmail.com
Instagram: @adv_pires
11 96930-0330

A otimização das relações, seja qual for a situação, sempre foi um elemento-chave para o sucesso. Trata-se de um ponto crucial a ser abordado nas múltiplas negociações que os *players* do mercado efetuam diariamente, em especial no âmbito corporativo, visto que todas as empresas e suas lideranças estão inseridas em uma rede relacional com fornecedores, clientes, concorrentes, empregados, instituições financeiras e tantos outros parceiros que, em última análise, foram constituindo-se ao longo do tempo por interações entre pessoas. Um fator comum em qualquer negociação é que, inevitavelmente, envolverá pessoas e é exatamente aqui que habita o desafio de otimizar resultados.

Para uma abordagem sobre o tema *otimizando relações*, faz-se necessário compreendermos quais são alguns dos pilares de uma relação negocial e, para isso, nesse texto, destacaremos pontos determinantes, dentre eles a ética como um conjunto de princípios e valores morais que norteiam as ações humanas no convívio social, aqui personificada pelo princípio de Direito Civil da boa-fé objetiva, pois é uma das bases fundamentais em todos os atos negociais.

De acordo com o entendimento de René Armand Dentz Junior[1], a ética, em sentido amplo, é um princípio que envolve a *"aprovação ou desaprovação da ação dos homens e a consideração de valor como equivalente de uma medição do que é real e voluntarioso no campo das ações virtuosas"*. Compreendemos que toda relação é regida por aprovações e desaprovações. Deste modo, para acentuar as chances de êxito, todas as ações, inclusive as tratativas de um negócio jurídico, devem ser avaliadas e executadas sob o foco ético.

Igualmente, sendo a negociação um processo de tomada de decisões em conjunto, ou seja, que depende do encontro de vontades das partes contratantes, a construção de uma relação próxima e de confiança com a outra parte é fundamental para alcançar o objetivo almejado. Nesse sentido, observamos que uma das potenciais formas de as relações serem otimizadas é terem seus alicerces pautados na confiança mútua entre as pessoas que compõem determinada relação. E essa característica é um dos componentes essenciais para o relacionamento interpessoal e negocial, seja ele fruto de uma negociação entre empresas, com parceiros comerciais, na gestão de líderes sob seus funcionários, com clientes, dentre outras infinitas possibilidades.

No entanto, conquistar a confiança e estabelecer uma boa relação negocial não é uma tarefa simples. Tanto é que para regular as relações negociais o legislador brasileiro introduziu normas para auxiliar o fiel cumprimento dos contratos, como veremos adiante.

O Direito Positivo Brasileiro, com o intuito específico de regular as relações contratuais, adotou o princípio da boa-fé objetiva, o qual, embora não esteja disposto

---

[1] SÁ, D.; Lopes, A. *Ética Profissional*. 10. edição. São Paulo, 2019. p. 2.

expressamente na Constituição Federal (tratado apenas de forma implícita), está disposto de forma expressa no Código Civil e no Código de Defesa do Consumidor de modo que no presente texto trataremos dele com enfoque civilista.

Esse princípio impõe uma conduta correta, leal e de confiança entre as partes que se relacionam no momento de contratar umas às outras. Tal instituto será objeto central do nosso texto, no qual demonstraremos a sua importância na otimização das relações negociais, evidenciando que não se trata apenas de uma imposição legal, mas também de um meio de lograr sucesso com sua aplicação nas negociações.

Conhecendo o princípio da boa-fé objetiva

Tratar do conceito de "boa-fé objetiva" remete-nos a parâmetros morais e éticos como construção jurídico-filosófica ao longo do tempo, tendo em vista que tal princípio é uma norma aberta, ou seja, em uma primeira e simples definição do instituto temos que a boa-fé objetiva coloca-se como contraponto da má-fé, isto é, esta expressão remete-nos à vinculá-la aos ideais de confiabilidade.

Os doutrinadores Pablo Stolze Gagliano e Rodolfo Pamplona Filho[2] em seus sábios ensinamentos descrevem que *a boa-fé é, antes de tudo, uma diretriz principiológica de fundo ético e espectro eficacial jurídico*; e continuam: *a boa-fé se traduz em um princípio de substrato moral, que ganhou contornos e matiz de natureza jurídica cogente*. Observamos que, assim como o Direito, a boa-fé objetiva está inserida dentro da moral, ganhando valoração jurídica e imposição legal para a sua aplicação.

Antes de prosseguirmos com a compreensão deste importantíssimo princípio em face às relações contratuais, faz-se necessário que estabeleçamos uma descrição diferencial entre a boa-fé objetiva e a subjetiva. Esta última consiste em crenças internas; em um estado anímico em que a parte desconhece determinada situação ou não externa à sua real vontade.

No Direito brasileiro, a boa-fé objetiva foi tratada de forma expressa pela primeira vez no Código de Defesa do Consumidor (1990); todavia, é sabido que o referido *códex* rege somente as relações de consumidores com fornecedores, seja de serviço seja de produto, não tendo aplicação ampla às demais relações civis.

Felizmente, uma das inovadoras mudanças introduzidas à época pelo Código Civil de 2002 foi a previsão do princípio da boa-fé objetiva contratual, que não constava da codificação anterior[3]. Em seu artigo 422[4], o atual código trouxe a seguinte redação: *"Os contratantes são obrigados a guardar, assim na conclusão do contrato, como em sua execução, os princípios de probidade e boa-fé."*.

Mas, afinal, o que é a boa-fé objetiva? O princípio da boa-fé objetiva contratual é um dever imposto às partes para que ajam com lealdade e retidão durante todas as etapas de um contrato, seja nas tratativas pré-negociais, durante a execução ou mesmo após a conclusão de um contrato. Os deveres contratuais do referido princípio são: o **dever de informação, prestação de contas, colaboração contratual, transparência**

---

[2] STOLZE, Pablo Filho; PAMPLONA, R. *Manual de direito civil - volume único*. 3. ed. São Paulo: Editora Saraiva, 2019, p. 448.

[3] TARTUCE, Flávio. *Direito Civil - Vol. 3 - Teoria Geral dos Contratos e Contratos em Espécie*. 14. ed. Rio de Janeiro: Editora Gen, 2019, p. 97.

[4] Disponível em: planalto.gov.br/ccivil_03/leis/2002/l10406.htm. Acesso em: 22 de mar. de 2020.

(as partes têm o dever de informar uma à outra tudo o que julgarem importante para a boa execução do contrato), ***ética*** e ***confiabilidade***, dentre outros.

O renomado jurista *Silvio Venosa* em sua obra sobre contratos define que:

> A ideia central é no sentido de que, em princípio, contratante algum ingressa em um conteúdo contratual sem a necessária boa-fé. A má-fé inicial ou interlocutória em um contrato pertence à patologia do negócio jurídico e como tal deve ser examinada e punida[5].

Ele pondera que, na aplicação da boa-fé objetiva, a parte contratante parte da premissa de um padrão de conduta esperado pelo homem médio, ou seja, o dever de agir de acordo com determinados padrões sociais estabelecidos e reconhecidos.

Para os alemães, a boa-fé atua como um padrão de comportamento a ser seguindo; um verdadeiro modelo de conduta baseado na honestidade, lealdade e cooperação, o que eles denominam de *treu und glauben*. Portanto, a boa-fé objetiva é compreendida como uma regra de conduta esperada em qualquer ato negocial, sendo um dever de agir de acordo com os padrões sociais estabelecidos e reconhecidos[6].

Aplicação do princípio da boa-fé objetiva para otimizar relações

Atualmente o poder que cada indivíduo ou empresa possui de relacionar-se pode ser determinante para o crescimento das atividades desenvolvidas. Presenciamos, a cada dia, um mercado empresarial mais competitivo nos diversos setores econômicos. Sendo assim, o empreendedor deve estar atento às melhores oportunidades que desencadeiem novos negócios e, para isso, nem sempre contará apenas com a melhor técnica, produto ou preço, pois, conforme acima explanamos, fatores como ética e confiabilidade estão diretamente conectados com a efetivação da negociação, sendo necessário buscar ferramentas para otimizar tais relações.

O princípio da boa-fé, expresso na legislação nacional, não é apenas uma imposição legal. O legislador também se preocupou com a manutenção e continuidade dos negócios jurídicos em sua atividade legislativa. Isso porque, conforme conceituado, tal instituto tem como premissa a transparência das partes com o dever de informação em todos os aspectos do contrato a ser celebrado.

Na aplicação da boa-fé objetiva, os renomados autores Judith Martins Costa e Clóvis do Couto e Silva elencam como deveres das partes em um determinado negócio:

- Cuidado em relação à outra parte negocial.
- Respeito.
- Informar a outra parte quanto ao conteúdo do negócio.
- Agir conforme a confiança depositada.
- Lealdade e probidade.
- Colaboração ou cooperação.
- Agir conforme a razoabilidade, a equidade e a boa razão.

---

[5] VENOSA, Silvio de Salvo. *Direito Civil - Contratos - Vol. 3*. 19. ed. São Paulo: Atlas, 2019, p. 20.

[6] VENOSA, Silvio de Salvo. *Direito Civil - Vol. 2 - Teoria Geral das Obrigações e Teoria Geral dos Contratos*. 10. ed. São Paulo: Atlas, 2010, p. 379.

Com a aplicação da boa-fé objetiva e os elementos acima abordados é possível ter relações otimizadas, pois com isso se trará maior confiança nas operações, ponto este decisivo para a assertividade dos negócios.

No ano de 2019, uma pesquisa realizada pela agência nacional de relações públicas **Edelman**[7], a qual foi divulgada pelo site Exame, destacou que *"...91% dos consumidores brasileiros classificam como 'essencial' ou 'fator decisivo' confiar que a marca 'fará o que é certo..."*[8]. Podemos extrair do relatório apresentado que a confiança é um fator determinante para a escolha dos brasileiros. Com isso, acrescentamos parte da entrevista da Marcília Ursini, vice-presidente executiva da **Edelman**, na qual enfatizou que:

> Cada vez mais, a sociedade confia numa marca ou a boicota conforme seu comprometimento com questões de interesse público. (...). Hoje, vemos que a confiança na marca é um dos principais fatores de compra e faz com que a empresa ganhe ou perca dinheiro.

Portanto, não basta apenas preocupar-se com qualidade e preço. Neste novo cenário, faz-se iminente conquistar a confiança do público com ações assertivas, calcadas na ética e na moral.

Importante mencionarmos a função da boa-fé objetiva como forma de interpretação dos negócios jurídicos, conforme disposto no artigo 113 do Código Civil vigente, no qual está escrito: *Os negócios jurídicos devem ser interpretados conforme a boa-fé e os usos do lugar de sua celebração.* Nesse sentido, o instituto objeto do estudo é utilizado como um meio de auxiliar os juízes em eventuais lides processuais a aplicar o Direito para interpretação dos negócios jurídicos convencionados entre as partes. Sendo assim, importante é a boa-fé objetiva nas relações contratuais, pois, em sua ausência, os contratos podem ser anulados.

Considerações finais

Conforme abordado no presente artigo, verificamos que, nas atuais negociações, não bastam apenas apresentações de qualidade e preço do produto ou serviço oferecido. O público está muito mais exigente; outras características tornaram-se essenciais.

Para não perder oportunidades, é preciso trabalhar com diferenciais. Assim, o diferencial que demos ênfase no presente capítulo é o da otimização de relações pela prática da boa-fé contratual, visto que quanto maior for a capacidade de relacionar-se e manter a relação negocial, mais chances o indivíduo ou a empresa terá de prosperar em suas atividades.

Desse modo, aconselhamos valerem-se do princípio da boa-fé objetiva em suas condutas, mas que o tenham não apenas como algo imposto por uma norma estatal, e sim a aplicá-lo fazendo uma análise minuciosa de seus benefícios, pois, de acordo com o que foi apresentado, o princípio da boa-fé objetiva sendo utilizado de maneira habitual pode trazer ganhos significativos na prospecção de negócios em face ao fato de otimizar relações em virtude de trazer consigo características essenciais para essas

---

[7] Disponível em: <http:// edelman.com.br/estudos/in-brands-we-trust-2019>. Acesso em: 23 de mar. de 2020.

[8] Disponível em: <https://exame.com/marketing/pesquisa-so-36-dos-brasileiros-confiam-nas-marcas-que-consomem>. Acesso em: 23 de mar. de 2020.

façanhas, como a ética, a moral e a confiabilidade, dentre outros conceitos traçados nesta obra que contribuirão para o êxito de seus objetivos.

Referências

BRASIL. Disponível em: <http://planalto.gov.br/ccivil_03/leis/2002/l10406.htm>. Acesso em: 22 de mar. de 2020.

CONFIANÇA na marca já é uma das principais considerações na hora da compra. Edelman, 2019. Disponível em: <http://edelman.com.br/estudos/in-brands-we-trust-2019>. Acesso em: 23 de mar. de 2020.

PESQUISA: só 36% dos brasileiros confiam nas marcas que consomem. *Exame*, 2019. Disponível em: <https://exame.com/marketing/pesquisa-so-36-dos-brasileiros-confiam-nas-marcas-que-consomem/>. Acesso em: 23 mar. 2020.

REALE, Miguel. *A boa-fé no código civil*. Disponível em: <http://miguelreale.com.br/artigos/boafe.htm>. Acesso em: 12 de mar. de 2013.

SÁ, D.; LOPES, A. *Ética Profissional*. 10. ed. São Paulo: editora Atlas, 2019.

STOLZE, Pablo Filho; PAMPLONA, R. *Manual de direito civil - volume único*. 3. ed. São Paulo: Editora Saraiva, 2019.

TARTUCE, Flávio. *Direito Civil - Vol. 3 - Teoria Geral dos Contratos e Contratos em Espécie*. 14. ed. Rio de Janeiro: Editora Gen, 2019.

VENOSA, Silvio de Salvo. *Direito Civil - Vol. 2 - Teoria Geral das Obrigações e Teoria Geral dos Contratos*. 10. ed. São Paulo: Atlas, 2010.

VENOSA, Silvio de Salvo. *Direito Civil - Contratos - Vol. 3*. 19. ed. São Paulo: Atlas, 2019.

5

O PODER DO PENSAMENTO

Precisamos aprender a nos livrar dos pensamentos que nos impedem de realizar e focar no que é importante. São eles que nos limitam. Às vezes ninguém disse para você que não é capaz de fazer algo, mas seu pensamento sim e isso é muito mais forte do que você imagina. Com isso, limita-se a fazer o que deveria ser feito. Não conseguimos livrar-nos de todos os pensamentos, mas podemos ter o controle sobre o que pensamos, fazendo com que o pensamento passe a ser um aliado ao invés de um inimigo. Cuide de seus pensamentos e ele cuidará de você!

CARLOS CUNHA

Carlos Cunha

Gestão da produção graduado pela FAEX (2014), com pós-graduação em Gestão de Pessoas com Coaching (FATO- Faculdade Monteiro Lobato). *Master coach* certificado pelo Instituto Brasileiro de Coach (IBC). Possui 12 anos de experiência em liderança de equipes, formação de novas equipes e de líderes. Minha missão de vida é ser um instrumento no desenvolvimento de pessoas, transformando-as em seres humanos melhores do que elas acreditam ser.

Contatos
mastercarloscunha@gmail.com
35 98413-2626

Nós somos a história que contamos de nós mesmos, em que se pode alterar a percepção do que acontece em nossa vida. Não consigo mudar o que aconteceu, mas posso mudar a percepção de como vejo o que aconteceu, atribuindo-lhe um novo sentido. Afinal, tudo o que sou é fruto do que vivi e cada vez quero estar com mais conhecimento, que é fruto do que aprendo com o que vivo.

Conhecimento não é o mesmo que sabedoria. A sabedoria está em fazer o que se sabe. Não adianta ter conhecimento sem saber colocá-lo em prática. Se pararmos para pensar, podemos perceber que por vezes corremos atrás de conhecimento e nos esquecemos de colocar em prática tudo o que aprendemos. Dessa forma, acreditamos que ainda não estamos preparados e que precisamos de mais conhecimento. Quando paramos para perceber, estamos obesos de conhecimento e magros de sabedoria.

Precisamos entender que a ação é o que trará o resultado e pare de pensar "não sou bom suficiente". Isso é uma crença de incapacidade que está travando a sua vida. Saiba que sempre terá alguém precisando do que você sabe. Então assuma o controle de sua vida com sabedoria, colocando em prática o que tem aprendido.

Você é feliz? O que é felicidade para você?

Vivemos em uma sociedade em que coisas que não deveriam ser consideradas normais são tratadas como tal, e esperamos que isso não produza consequências. O fato é que toda ação que temos gera uma consequência em nossa vida. Como estão as decisões que tem tomado em sua vida? O maior propósito de nossa vida é a prestação de serviço para as pessoas; é dar-lhes o que você sabe, fazendo com que haja ali uma troca.

Você já parou para pensar como estão suas perguntas a você e às pessoas? Quanto melhor for a sua pergunta, melhor será a resposta. O quanto tem se desafiado ou se mantido na zona de conforto? Ficar na zona de conforto é o que mais gostamos de fazer, mas isso não lhe trará resultado. É preciso libertar-se disso e desafiar-se para que tenha uma vida plena de conquistas.

Fácil confesso que não é e já deve estar cansado de ouvir sobre isso. Assim, o segredo não é saber e sim fazer o que sabe.

Permita-se fazer o que tem de ser feito e não o que é mais fácil. O quanto você está disposto a mudar a sua vida? Até quando vai continuar a viver abaixo do que merece viver? As pessoas não são o que elas pensam que são, acham que são. A mente reage a tudo o que pensamos. Afinal, temos um milhão de pensamentos todos os dias, onde nenhum deles revela mais sobre você do que a sua sabedoria em fazer o que sabe com amor. Aí lhe pergunto: suas ações do dia a dia são movidas por amor ou pela necessidade de sobreviver?

Temos um milhão de pensamentos, mas muitos deles são lixo, ou seja, não ajudam em nada, a não ser atrapalhar. É preciso focar no que realmente importa, o momento presente. Já percebeu que muitas vezes passamos parte de nosso tempo revivendo o passado e tentando prever o futuro e esquecemos do momento presente, perdendo o que está acontecendo? Aí vem o sentimento de culpa por não termos aproveitado o tempo com quem amamos da forma e o quanto gostaríamos; tudo isso por não nos concentrarmos no agora.

Convido você a permitir-se estar no aqui e no agora, aproveitando cada minuto que tem; fazendo cada minuto valer a pena. Como conseguimos esvaziar a nossa mente a fim de que possamos perceber o que está acontecendo neste momento, exatamente agora? Você acredita que sabe o que está acontecendo, mas o fato é que não é bem assim. Vamos fazer um teste: veja e perceba o que está acontecendo ao seu redor. Proponho-lhe experimentar. Provavelmente, ao fazer isso, vários pensamentos surgem e, assim, convido você a analisá-los. Perceba que boa parte desses pensamentos é lixo e não o ajudam em nada; pelo contrário.

Quando conseguir viver o aqui e o agora, ficará impressionado com o resultado que terá em sua vida. Para isso, é preciso aprender a libertar-se dos pensamentos que te limitam e ter pensamentos que te fortaleçam

Você é o que você pensa. O que você pensa? Quão organizado é o seu processo de pensamento? O seu poder está no que você mais pensa durante o dia. Tem pensado no que quer ou no que não quer? Isso já faz muita diferença na realização dos seus objetivos. E o pior de tudo é que muitas vezes focamos no que não queremos e, como a mente tem poder, se o que mais pensamos é no que não queremos, é isso que acaba acontecendo e reclamamos depois por não ter acontecido nada do que gostaríamos. Mas o fato é que aconteceu o que você mais mentalizou. Por isso, precisamos estar com nossa mente focada no que queremos.

Às vezes temos de parar para olhar dentro de nós a fim de buscarmos respostas para o que temos feito com nossa vida. Já parou para pensar que vivemos uma vida, muitas vezes, sem um propósito? E, com o tempo, o que fazemos torna-se sem sentido, visto que não estamos fazendo o que amamos.

O olhar para dentro nos faz perceber que somos únicos e que temos um propósito nesta vida. Só precisamos descobri-lo e, assim, poderemos viver uma vida de propósitos com a real missão que temos.

Identificação do meu propósito de vida:
- O que eu mais gosto de fazer no meu dia a dia?
- O que mais você tem feito no seu dia a dia?
- O que te impede de mudar e fazer o que tem que ser feito para ter a vida que sempre quis?

O homem deve estar consciente de que sua missão é viver uma vida plena de sentido e dar respostas transcendentes a cada situação, pois cada vez mais as pessoas têm os meios para viver, mas não têm uma razão para viver.

Viktor Frankl

Todos nós cometemos erros que, às vezes, nos deixam presos pela gravidade da situação. Entenda que não temos o poder de mudar o que aconteceu, mas podemos fazer diferente a partir de então. Para isso, talvez tenhamos de procurar pessoas e pedir perdão. Isso não mudará o que aconteceu, mas o primeiro passo para a mudança é reconhecer o erro. Isso não é vergonha. Pelo contrário, o orgulho é o que trará maiores problemas e o sentimento de vazio. Por essa razão, livre-se do que te faz mal e deixe para trás o que passou. Dê um novo rumo à sua vida, utilizando o aprendizado do erro.

Tudo o que acontece em nossa vida tem, de alguma forma, um propósito e, normalmente, não conseguimos identificar por que aquilo aconteceu. Nós, seres humanos, buscamos respostas para tudo e, quando não conseguimos, ficamos perdidos e reagimos de formas diferentes: uns riem, outros choram e por aí vai.

O que devemos perceber e fazer é buscar as soluções e não focar no que aconteceu, pois não poderemos mudar o passado, mas é possível aprender e fazer diferente. Tudo que acontece nos ensina algo e, se aconteceu, é para seu aprendizado.

Precisamos agir e não reagir ao que acontece. Tudo em nossa vida é uma questão de escolha. Assim, precisamos estar preparados para fazer; se vai acertar ou não, isso não sabemos agora. O não fazer nada também é uma escolha e, às vezes, a pior decisão que podemos tomar, pois dói menos nos arrepender do que fizemos do que nos arrepender de não termos feito nada. Pense nisso.

Seu destino é moldado nos momentos de decisão.
Tony Robbins

Quando se tem claramente um objetivo e um propósito, você tem mais chances de passar por cima de situações que enfrentará em vida, pois saber onde quer chegar é a motivação, a direção para continuar a seguir em frente. A questão é que a maioria de nós não sabe nem o que quer fazer. Pequenas coisas já são o suficiente para nos fazer desistir e mudar de direção. Assim, em um ano, fazemos um monte de coisas e, ao mesmo tempo, nos damos conta de que o ano passou e sentimos que não realizamos o que deveríamos; parece que fizemos pouco.

Tenha metas claras para a sua vida. Planeje o seu ano, seu mês e seus dias, fazendo com que tenha controle e possa mensurar o que está acontecendo na sua vida, podendo realizar mudanças o quanto antes.

3 regras: Paradoxo, Humor e Mudança

Paradoxo: A vida é um mistério; não desperdice seu tempo tentando entender.

Humor: Mantenha seu senso de humor, especialmente com relação a você mesmo. Isso te dará força para seguir sempre em frente.

Mudança: Esteja sempre aberto a realizar mudanças em sua vida. A mudança acontece para que seus resultados mudem e objetivos se concretizem; permita-se mudar.

A nossa verdadeira felicidade está na jornada, que é o caminho que percorremos para poder conseguir um objetivo. E quando conseguimos alcançar a meta, em um primeiro instante, sentimo-nos felizes, mas em pouco tempo já não tem a mesma importância. Dessa forma, devemos ter sempre em mente um objetivo; é isso que nos fará levantar da cama todos os dias com energia, por saber que estará indo em busca de algo. Reflita:

- Qual dos objetivos conquistados considero ser o maior?

_____
_____
_____
_____

- Qual meu principal objetivo de vida hoje?

_____
_____
_____
_____

- O que tem me impedido de realizar meus objetivos?

_____
_____
_____
_____

- Se meus pensamentos podem determinar o meu futuro, como está meu pensamento neste momento? Estão condizentes com os objetivos que tenho para minha vida?

_____
_____
_____
_____

1. O universo físico é uma manifestação dos pensamentos.
2. Se os meus pensamentos são destrutivos, eles criam uma realidade física destrutiva.
3. Se os meus pensamentos são positivos, eles criam uma realidade física repleta de coisas boas.
4. Sou 100% responsável por criar o meu universo físico do jeito que ele é.
5. Sou 100% responsável por corrigir meus pensamentos destrutivos que criam uma realidade doente.
6. Não há o lá fora. Tudo existe como pensamento na minha mente.

Seu pensamento é como uma ferramenta poderosa, que junto com a definição de objetivos e sua persistência, gera um **desejo real** para a sua concretização em qualquer área da vida. Controle seus pensamentos e ele controlará sua vida. Seu sucesso é fruto do seu **pensamento.** O universo nos apoia totalmente em cada pensamento que escolhemos ter e acreditar.

*Por que continuar sendo a mesma pessoa de sempre
se você pode ser alguém muito melhor?*

Richard Bandler

6

A IMPORTÂNCIA DO PROCESSO DE ESCOLHA DE REPRESENTANTES DE TURMA

Sabemos que a escola é uma instituição que atua na formação de caráter, valores e princípios morais do ser humano. Sendo assim, a escola que prioriza e investe no processo de escolha dos representantes de turma está contribuindo para o exercício da cidadania, assim como da autonomia, que são características essenciais de lideranças dentro da sociedade.

CIDINHA CABRAL

Cidinha Cabral

Licenciada em Ciências pelo CESULON/Londrina-PR. Licenciada em Matemática pela UNOESTE/Presidente Prudente-SP. Especialista em Orientação Educacional pela UNIPAR/Umuarama-PR. Formação em Dinâmica de Grupo pela Sociedade Brasileira de Dinâmica de Grupo/Cascavel-PR. *Personal* e *professional coaching* pela P. School Desenvolvimento Humano/São Paulo-SP.

Contatos
cidinha_cabral2@hotmail.com
41 99838-6087

Na minha escola de vida, o ambiente educacional foi um dos melhores e mais importantes processos de ensino-aprendizagem que vivi. Apesar da formação nos conhecimentos científicos, o relacionamento com milhares de pessoas da comunidade escolar foi o fator pontual que contribuiu, sobremaneira, para o meu desenvolvimento humano.

No que diz respeito a metodologias práticas, a dinâmica de grupo é a ferramenta mais eficaz com a qual trabalhei e me identifiquei nos meus 35 anos como educadora.

Entre tantos desafios que essa profissão me propôs, optei por compartilhar aqui sobre o processo de escolha dos representantes de turma, o qual acredito ser uma das tarefas mais significativas, pois esse representante é o canal oficial de comunicação entre os alunos e a escola, haja vista que ele é quem garante o protagonismo da turma nas decisões do dia a dia.

O processo de escolha vigente à época não contemplava os alunos que possuíam as características e aptidões necessárias e inerentes à função que seria desempenhada, pois, de acordo com a cultura de eleição, os alunos eram selecionados apenas por meio das notas e frequência.

Diante disso, eu fazia alguns questionamentos internamente e nas reuniões pedagógicas: como estamos desempenhando nossos papéis diante de funções essenciais? Estamos dando a efetiva importância ao processo de escolha das nossas lideranças? Quais metodologias utilizamos para que o processo não cause danos aos resultados (individualismo, intrigas, competições)? Como são os relacionamentos dentro dos processos das ações de escolha dos representantes?

Assim, a partir dessa reflexão, mudamos a forma da eleição, utilizando uma dinâmica de grupo descrita a seguir:

- Comunicava-se à turma que haveria a escolha do representante por meio de uma dinâmica, o que se pretendia atingir com ela, enaltecendo as características e as funções do eleito.
- Para isso, seriam utilizados três pedaços de papel (P, M e G), conforme o número de participantes.
- Os alunos eram convidados a fazerem uma "viagem em um tapete voador", pela qual passariam por alguns imprevistos e/ou dificuldades (falta de combustível, intempéries, peso dos passageiros etc.).
- Nesse momento, eu observava os alunos no que dizia respeito à criação de estratégias e solução dos problemas.
- A viagem e os imprevistos continuavam até que ficasse apenas um dos tapetes.

- Após a atividade, formava-se um círculo onde se realizava o *feedback* com os seguintes questionamentos:
  - Qual tapete você escolheu? (P, M ou G)
  - Por que você escolheu este tapete?
  - Você empurrou ou foi empurrado?
  - Quando o problema surgiu, qual foi sua reação?
  - Como interagiu com os colegas?
  - Criou estratégias para solucionar as dificuldades?
  - Agiu visando o individual ou o coletivo?
- Por meio dessas reflexões, os próprios alunos reconheciam e indicavam os colegas que apresentavam as melhores soluções, iniciativas e características inerentes à liderança.

Desta forma, os nomes mais citados optavam por participarem ou não como candidatos na eleição. A escolha era realizada por meio de voto secreto; porém, o consenso sempre vencia.

Como resultado de uma metodologia inclusiva e moderna, que destacava as forças de caráter e virtudes, os eleitos eram aceitos e inseridos como parte da comunidade escolar, desempenhando o papel para o qual foram escolhidos.

Para ser edificante e gerar resultados, todo esse processo deve estimular a criatividade, intensificar as relações, fazendo com que os envolvidos sejam e ajam o mais natural e espontaneamente possível. Isso leva à otimização de relações entre líderes, liderados e comunidade como um todo.

Consequentemente, estes representantes conquistaram a participação nos espaços que antes não lhes eram outorgados, como Conselhos de Classe, reuniões de APMs, representações em eventos do colégio, inserção em cenários para tomadas de decisões, entre outros.

No decurso de todas as metodologias aplicadas, nós, educadores, somos gestores de pessoas e devemos ser exemplo pelas ações e não pelas falácias, pois pessoas geram ações, que geram processos, que alcançam resultados.

Logo, gerir pessoas consiste em despertar-lhes a utilização de habilidades e conhecimentos, desenvolver e aprimorar relacionamentos que sejam capazes de criar soluções, resolver conflitos, distribuir tarefas, definir estratégias para que os resultados sejam alcançados.

Assim, por meio dessas habilidades, são formadas as lideranças que atuarão em quaisquer segmentos da sociedade: familiar, religioso, político, educacional, empreendedor, comunitário, entre outros. Afinal, como diz o escritor Andrew Amaurick: *A lagarta não precisa de um milagre para virar borboleta. Ela precisa de um processo.*

Referência

AMAURICK, Andrew. Disponível em: <http://pensador.com/frase/MjYzODYxNA>. Acesso em: 17 de abr. de 2020.

7

LÍDER ADMIRÁVEL: CINCO PASSOS PARA RESSIGNIFICAR RELAÇÕES NAS ORGANIZAÇÕES

Neste capítulo, o leitor entrará em contato com conteúdo que promoverá a ressignificação do comportamento do líder atual em um Líder Admirável. Com base na aplicação genuína de cinco passos comportamentais, aliada à integração com o Sistema de Gestão das empresas, será possível reduzir a distância emocional entre líder e liderado e sustentar resultados para o negócio.

CRISTINA PORCIÚNCULA KRZYZANIAK

Cristina Porciúncula Krzyzaniak

Natural de Porto Alegre/RS, engenheira química de formação pela UFRGS e pós-graduada pela FGV/SP em Gestão Estratégica e Econômica de Negócios. Com mais de 20 anos de carreira desenvolvidos nas áreas de gestão integrada da qualidade, *lean six sigma,* inovação de processos industriais, melhoria contínua e desenvolvimento de produtos em multinacionais de grande porte nos mercados automotivo e agrícola, grande parte do período em posições estratégicas de liderança. Curiosa, estudiosa e entusiasta de temas ligados a pessoas, aumento da produtividade da liderança com base na construção da humanização das relações líder-liderado e em como transformar empresas por meio dos sistemas integrados de gestão.

Contatos
cristina_porciuncula@hotmail.com
LinkedIn: linkedin.com/in/cporciuncula/
Instagram: @cristinaporciuncula
11 97615-6557

*Liderança não é sobre títulos, cargos ou hierarquias.
Trata-se de uma vida que influencia outra.*

John Maxwell

Desde que o mundo é mundo e que, para alguns, existiam apenas Adão e Eva, ou como para outros, que a evolução levou aos diversos tipos de seres, o que se pode dizer é que sempre existiu uma interação entre pelo menos dois "seres".

A partir desse momento, houve um aumento exponencial de seres humanos relacionando-se e, em cada época da evolução, de uma forma diferente. Essa relação continuamente é alterada pela mistura complexa dos diversos fatores de interação. O que não podemos deixar de perceber é que nesse tempo todo das relações as pessoas buscam cada vez mais aprofundar o seu autoconhecimento e apresentá-lo ao outro e ao mundo.

Com o nascimento e o desenvolvimento contínuo da internet, surgiram as redes sociais, que crescem com enorme velocidade. Hoje, cerca de 50% dos indivíduos que habitam nosso planeta possuem pelo menos um cadastro em algum dos aplicativos de redes sociais. E sendo nós, atualmente, 7,7 Bilhões de pessoas no planeta aproximadamente, observamos que muita gente está conectada.

A internet simplificou a conexão entre as pessoas, facilitou a disseminação de ideias, permitindo que elas cheguem até os locais mais isolados do planeta.

Ao entendermos que o próprio nome pelo qual chamamos essas ferramentas, *redes sociais*, remete a palavras como ligação, contato entre indivíduos; as pessoas cada vez mais têm como necessidade a ser atendida estarem conectadas, dividir com o mundo suas histórias e conhecerem-se mais profundamente para poder levar a esse grande universo o seu próprio **eu**.

Quando vamos para a esfera das corporações, infinitas interações entre pessoas ocorrem a cada segundo. Uma das mais importantes é a interação entre **líder-liderado**. Analisando o cenário do novo mundo de trabalho, o contrato psicológico, que é um fenômeno psicossocial que ocorre sempre que se criam ligações não formais, envolvendo a satisfação de necessidades de duas ou mais partes, está em profunda transformação frente à velocidade a qual as relações internas nas organizações redesenham-se.

Contudo, enquanto a agilidade de mudança das instituições perante ferramentas como automação de processos, instrumentação e análise de dados crescem exponencialmente, com conceitos como negócios 4.0, metodologias e ferramentas ágeis, revolução digital, internet das coisas, *blockchain*, entre diversos outros conceitos, as questões ligadas à gestão de pessoas não se apresentam na mesma sintonia, nem no mesmo patamar em termos de atualização e transformação.

Ao colocarmos uma lupa para observar os elos da cadeia de relacionamentos, visualizamos diversas situações que nos ajudam a situar os motivos pelos quais ainda estamos tão retrógrados ao tratar de gestão de pessoas. Estruturas organizacionais apresentam-se fortemente hierarquizadas, muitas delas com convívio de até quatro gerações simultaneamente, com pensamentos e posicionamentos diversos, sem que as empresas e os próprios indivíduos tenham se preparado para esse convívio previamente.

Modelos de gestão encontram-se ultrapassados; não conversam com esse movimento contínuo das pessoas e com lideranças despreparadas para enfrentar esse novo cenário. Esse líder não evoluiu competências na velocidade de transformação requerida e as consequências para as empresas vão de quedas de produtividade, de investimentos, resultados aquém das metas ou, até mesmo, descontinuidade de negócios.

O fato é que tudo dentro das entidades é baseado em relacionamentos e dados públicos nos mostram que cerca de 70% dos funcionários que trabalham em empresas não sentem confiança em dialogar com seu líder direto. Não somente sobre conversas acerca de acompanhamento de desempenho, desenvolvimento, gestão de carreira, mas também sobre seus anseios particulares, desejos, próximos passos de vida, seus sonhos e uma infinidade de assuntos que trilham o dia a dia entre líder e liderado.

Entendo ser esse dado muito alto (70%), mas que reflete a realidade que encontramos hoje no mercado de trabalho. É preciso encarar de frente que alterar o estado atual dessas relações é emergencial, urgente e improrrogável.

Em face dessa situação, vamos refletir um pouco acerca do que de fato é necessário para conseguirmos realizar essa transformação da relação líder-liderado. Quando entendemos que a situação atual não está gerando bons frutos e as organizações estão com relações "doentes"; com colaboradores afastando-se cada vez mais por motivos de saúde, (estudos mostram que 30% da nossa população ativa apresenta doenças como síndrome de *burnout* por exemplo) podemos concluir que o que necessita ser alterado é a forma com que as relações se apresentam. Torná-las mais otimizadas e integradas ao sistema de gestão das empresas é uma necessidade imediata.

O sistema de gestão, na grande maioria das vezes, é visualizado dentro das organizações como mera "burocracia", que obrigatoriamente necessita ser cumprida. Mas a melhor visualização seria como uma forma diferenciada de trabalho, permeando toda organização, cada indivíduo entendendo a necessidade a ser atendida dentro da sua empresa e a sua ligação com seus clientes, ou seja, o papel real dele na engrenagem do negócio.

É diferente o simples "executar pelo executar" do executar com motivação, engajamento, senso de pertinência e envolvimento. Quando se consegue levar o colaborador a de fato sentir que o seu propósito de vida e carreira estão diretamente ligados ao propósito da empresa, resultados firmes são alcançados.

Lanço então o desafio de buscarmos executar cinco passos para que você se torne um **Líder Admirável** e que adiciona ao Sistema Integrado de Gestão das empresas de forma a ter as relações englobadas ao entorno de todas as ferramentas de execução. O que seria isso? Que passos seriam esses?

Começo pelo **pertencimento**. Todo o líder, melhor do que ninguém, deve ter conhecimento profundo da Estratégia da empresa que lidera; saber onde ela se coloca, como se coloca perante o mercado, quais são suas fortalezas, onde estão suas oportunidades de melhoria, ameaças que ela pode sofrer dos concorrentes e novos entrantes; compreender profundamente quais são todos *stakeholders* envolvidos que podem, de alguma forma, influenciar positiva ou negativamente em suas relações e, com certeza, sentir-se conectado de fato com a visão, a missão e os valores dessa empresa.

Esse passo é primordial para o líder antes de mais nada, pois imagine você ter de passar dias, meses e talvez anos dentro de uma organização com a qual você não tem essa conexão; e, pior, como transmitir a outros questões que você mesmo não acredita ou se conecta. Seria sofrível e você, em algum momento, adoeceria junto com outros colegas que também não têm o mesmo senso.

Logo, autoavalie se você tem esse pertencimento ao local em que, hoje, trabalha; se o seu propósito pessoal corresponde com o que a empresa lhe oferece e, conforme o resultado, tome uma decisão.

Em um segundo momento, vamos, como líderes, mapear, compreender e verificar o momento atual da organização; buscar, de fato, entender todos os processos que norteiam a empresa, que a tangem e que trazem, de alguma forma, resultados que agregam valor por meio de metas e objetivos claros a todos.

Nesse momento, o líder precisa viver a **empatia**: a capacidade psicológica para sentir o que sentiria outra pessoa caso estivesse na mesma situação vivenciada por ele. Consiste em tentar compreender sentimentos e emoções, procurando suportar de forma objetiva e racional o que sente e vive diariamente outro indivíduo. É o ato de colocar-se de fato no lugar do outro.

O líder deve mapear os processos e estado atual, valorizar as necessidades do negócio e do time e unificá-las. Ninguém melhor que o líder para saber quais são as dores de um funcionário, pois reflete as mesmas ou muitas delas nele mesmo.

Ao exercer empatia, você conhece muito bem a empresa, onde se encontram suas falhas, escuta de forma ativa as diversas opiniões do time, torna o diálogo mais aberto, acessível e cria elos de relação. Relações essas que irão facilitar o planejamento adequado das próximas ações de maneira que sejam realizadas com eficiência pelos colaboradores.

Dando seguimento à construção do ambiente relacional interligado ao sistema de gestão de uma empresa, e entendendo que o próximo momento é a confecção e execução do plano de ação, trago o conceito de criar experiência ao seu liderado. Sim, criar um ambiente que gere **experiência**; vivência de fato, não só com todas as ferramentas disponíveis, e aqui menciono ferramentas de gestão de qualidade, redução de perdas, automação de processos, resposta ao cliente, análise de dados entre outros; mas conectando com o conhecer de fato, que agora você tem, de seus funcionários diretos.

Um conhecer empático e mais aprofundado para saber o que é valorizado a fundo por eles qual é seu propósito e, assim, usar de toda sua criatividade para unir ambos objetivos.

É com humildade que você deve, de fato, mostrar ao grupo que você não resolve tudo sozinho, que não são somente suas decisões que chegam a uma solução mais adequada; a hierarquia nesse momento é o que menos importa. Essa qualidade é extremamente necessária a um líder diferenciado; alguém que age com simplicidade, assume suas fraquezas, seus desconhecimentos, suas imperfeições, sem soberba, prepotência ou arrogância e que usa de todo esse conhecimento, aliado à capacidade de criar, para gerar experiências no dia a dia de seus colaboradores, fazendo com que eles consigam aprender profundamente como utilizar os conhecimentos teóricos na busca de soluções diárias. Experimentando, testando, vivenciando, fazendo com que o aprendizado e o atingimento de resultados sejam alavancados.

Chega o momento de realizar uma reavaliação dos resultados de plano e ações estabelecidos com o objetivo de corrigir falhas, melhorar processos e aperfeiçoar o que já é bem feito. Convido, então, as auditorias dos processos a repensar não somente "o que", mas também do o "como", atentando-se aos feedbacks de clientes internos e externos. Mostrar-se vulnerável possibilita o reconhecimento de falhas e disposição para corrigi-las.

É o momento em que o líder deve conseguir fazer com que seu público entenda, de fato, quem ele é, que também tem seus próprios sentimentos, que demonstra emoções, que não é infalível e que a forma mais completa de chegar aos objetivos é rever o modo de planejamento e execução das tarefas por meio do coletivo. É deixando a vulnerabilidade aflorar, de forma a criar uma aproximação entre as pessoas, que a real conexão acontece.

Expressar o que está pensando nesse momento de reavaliação, escutar com a mente aberta as ideias e opiniões do grupo, seja concordando com elas ou não, dar importância de fato a esse momento, causará um retorno de conhecimento mútuo. Só é possível melhorar algo na tentativa e no erro.

Permitir-se errar é uma forma de fortalecer a vulnerabilidade. Não há espaço para pensamentos criativos e inovadores sem a promoção de um ambiente de aprendizado contínuo. Boas soluções só aparecem quando todos estão se permitindo ser vulneráveis; estão abertos e entregues ao propósito. Tomada de decisão com base na sociocracia, no consenso do grupo, igualmente demonstra o deixar essa vulnerabilidade aflorar.

Chegamos, agora, ao nosso último passo, ao momento da **espiritualidade**. E, nesse caso, não se trata do sentido religioso ou místico da palavra. Dalai Lama dizia que: *Espiritualidade é aquilo que produz, no ser humano, uma mudança interior*. Hoje, este conceito de líder espiritualizado está propondo a todos que mudem seu interior e se adaptem às mudanças que se apresentam, transformando as organizações de forma a se conectar com o próximo, entendendo que cada pessoa tem suas próprias crenças, valores, hábitos a serem respeitados, bem como trazendo, igualmente, o conceito de continuidade, perpetuidade, sustentabilidade para as relações e para o negócio; um ciclo virtuoso.

Ser um líder espiritualizado é ser ético, servir ao propósito seu e da empresa; é ser admirável e inspirador, sensível ao momento e às emoções do time; é aprender a trabalhar com as necessidades e desejos do grupo, vinculando tudo ao direcionamento da empresa, gerindo conflitos que, com certeza, aparecerão de forma sadia, construtiva e contínua.

Ao ser empático, você consegue gerar experiências que demonstram sua vulnerabilidade e mantêm a continuidade das relações, firmando a espiritualidade e sustentando inclusive o sistema de gestão da empresa que o representa. Esteja aberto a deixar o **eu** do outro florescer!

Referências

CORTELLA, Mario Sérgio. *Qual é a tua Obra? Inquietações propositivas sobre gestão, liderança e ética*. 11. ed. Petrópolis: Vozes, 2010.

GALLO, Carmine. New Survey: 70% Say Presentation Skills Are Critical for Career Success. *Forbes*, Sept 25, 2014.

8

LIDERANÇA HUMANIZADA: CUNHO ESTRATÉGICO PARA A TRANSFORMAÇÃO CULTURAL

Neste capítulo os leitores encontrarão reflexões sobre os desafios atuais dos líderes diante das irreversíveis transformações, em curso, de cunho político empresarial. Poderão tomar consciência de oportunidades estratégicas para atuações humanizadas e conhecer características essenciais para uma liderança bem-sucedida quanto as informações úteis para diagnósticos e planos de desenvolvimentos.

DARLENE DUTRA

Darlene Dutra

Escritora. Certificada em *Executive Coaching*, *Life Coaching* pelo ICI (Integrated Coaching Institute), com formação em *Coaching* Humanístico e *Coaching* Evolutivo. Consultora em Humanização. Idealizadora de programa estratégico para transformação pessoal e empresarial. Atua com temas relacionados ao desenvolvimento humano. Consultora em projetos de cunho estratégico, com foco nas transformações cultural, digital e de negócios. Mestre em Administração de Empresas, Pós-graduada em Gestão Empresarial. Possui mais de 30 anos de experiências em grandes corporações, sendo a maior parte delas em posições executivas, lideranças de pessoas e projetos, principalmente, nas áreas de Planejamento Estratégico, Tecnologia de Informação.

Contatos
www.darlenedutra.com.br
darlene.dutra@gmail.com

Por que parte dos colaboradores de muitas organizações, mesmo com um nível de formação considerável, demonstra pouca disposição para refletir, criar e, o mais crítico, agir com autonomia?

Por que ter receitas prontas para soluções de problemas parece ser a maior preferência, mesmo que ocorra de forma inconsciente nessas pessoas?

A cultura organizacional e o estilo de liderança exercem um poder impressionante nas condutas dos indivíduos nos contextos empresariais. Podem, inclusive, restringir substancialmente seus movimentos, suas ideias e sua liberdade de ação.

Um dos grandes desafios dos líderes da atualidade diz respeito a aspectos primordialmente humanos. Por mais que a tônica de resultados econômico-financeiros, especialmente os de curto prazo, seja prevalente nas agendas corporativas, não é possível negligenciar os aspectos relacionados às pessoas se pretende-se liderar verdadeiramente em busca de resultados sustentáveis. A obsessão por resultados financeiros tornou-se mais frequente e a matemática a partir de cobrança e pressão por metas aliada à garantia de sobrevivência no trabalho aumentam o medo e diminui o engajamento e os sentimentos positivos.

Embora pareça um clichê das matérias de gestão, as empresas são constituídas essencialmente por seus indivíduos, por seu tecido social e, uma atenção dirigida e estratégica nesse sentido pode fazer uma enorme diferença no fim do dia, ou na última linha (do balanço) inclusive.

Muitas lideranças perdem noites de sono por conta das incertezas, dos riscos e complexidades de decisões que advêm no cotidiano. De uns tempos para cá, os dilemas cruciais se exacerbaram e assumiram portes maiores. Os riscos de negócios entraram numa esfera de obscuridade inimaginável e os tomadores de decisões têm, em seu panorama, um número extravagante de variáveis com o qual precisam lidar.

As transformações estão sendo impulsionadas por uma marcha irrefreável de descobertas científicas e tecnológicas, nas últimas décadas, em várias áreas do conhecimento. Isto posto, há uma ansiedade por novos posicionamentos no âmbito de negócios, novas estratégias para garantir a sobrevivência frente às inovações e às mudanças.

Sustentabilidade, no seu sentido mais amplo – social, financeira, ecológica – se torna uma palavra premente para garantir que as empresas se mantenham operantes nas próximas décadas. A partir disso, novos modelos e estilos de lideranças estão sendo convidados a fazer parte desse desafio. Os modelos tradicionais de poder e hierarquia muitas vezes mostram-se contraproducentes. Além disso, vários profissionais estão sendo afetados pelo estresse, munidos de uma ansiedade além da conta com o atual nível de exigências e pressões. Isso repercute não somente na saúde, mas também nas suas relações pessoais e profissionais.

Mas o que são esses novos modelos de lideranças? Quais competências são necessárias para esses novos modelos? Quais as suas características? Quais as características desses líderes?

Pontos de atenção para os líderes do futuro

Os líderes destes novos tempos são indivíduos diferenciados, cujo caminho de conduta passa por novas vias de realização. São conhecidos como "figuras de transição", pessoas convictas de princípios que decidem não se conformar com sistemas injustos, preconceitos e outros. Assumem como responsáveis a enfrentar os obstáculos e as situações a fim de promover as mudanças necessárias.

Ao elencar as características de um líder genuíno e autêntico, o relevante é o seu próprio exemplo. Não basta parecer, é preciso ser autêntico e ainda ter consciência dessa oportunidade. A consistência entre o que se é como também no que se pratica se torna base fundamental dessas pessoas. Amplia-se o espectro de atuação cuja direção aponta também ao bem comum, à sociedade. Como muito bem disse Richard Barrett (2017) no seu livro *O Novo Paradigma da Liderança*:

> Quando você se torna líder de uma organização, recebe duas oportunidades incríveis: 1) Melhorar a vida de dezenas, centenas ou milhares de empregados para que eles possam encontrar satisfação e se sentir bem sobre si mesmos; 2) Alavancar o seu impacto no mundo. (BARRETT, 2017, p. 296).

Nesse sentido, as novas lideranças, chamadas ressonantes, distinguem-se muito fortemente nos princípios de uma autogestão e autoliderança, ou seja, são primeiramente líderes de si mesmos. Possuem uma maior consciência de suas próprias emoções e clareza sobre seus objetivos, agindo com autocontrole e por meio de bons e harmoniosos relacionamentos, propiciando que todos tenham condições de interagir com facilidade e de maneira eficaz. Nessas circunstâncias, de acordo com Goleman (2018):

> Se o líder agir de forma dissimulada ou manipuladora, por exemplo, o radar emocional de seus subordinados vai detectar uma nota de falsidade – levando-os a, instintivamente, deixar de confiar em seu chefe. A arte de bem manusear os relacionamentos, portanto, começa pela autenticidade: agir com base em nossos verdadeiros sentimentos. (GOLEMAN. 2018, p. 51)

Além disso, conduzem sua vida com significados, exercitam a humildade e demonstram abertura para aprender e mudar. São exímios perguntadores e ouvem com atenção as contribuições, experiências e ideias dos demais, considerando-as em suas decisões.

Nesse contexto, a autoliderança é concebida como uma atitude no direcionamento de si mesmo, com disciplina, cuidando dos pensamentos, de sua mente, de sua conduta, criando hábitos e realizando seu trabalho com foco e confiança. São admiráveis os líderes que têm consciência de seu papel e do impacto de suas ações. Além destas observações, os líderes autênticos, com autoliderança, demonstram: possuir propósitos; colecionar resultados positivos e obter reconhecimentos de toda ordem. Por isso, atuam, especialmente, em causas e missões de interesses coletivos e não de interesses particulares (próprios, de pessoas ou instituições); são ressonantes, suas ações construtivas e não se restringem aos campos profissionais; reverberam de forma positiva no seu entorno. São donos de uma visão crítica e, por conta disso, promovem reflexões construtivas pelo seu caminho de atuação. Diante de situações críticas e de impasse, mostram-se destemidos e detentores de um senso de justiça que impressiona.

A humanização no cotidiano empresarial

Os líderes para o agora e para o futuro têm o papel principal de inspirar os demais e de articular os meios necessários para a realização de suas missões que, na maioria das vezes, são de cunho emocional e dos propósitos que dirigem. São líderes que não se preocupam somente com a eficiência de seus colaboradores ou equipe – a famosa produtividade tradicional – mas com a saúde deles de uma forma geral.

A atuação com sensibilidade, em consideração aos demais, pode ser confundida com fraqueza, complacência ou ausência de posicionamentos. Certamente que não o é e não deve ser. Trata-se de uma forma diferente e mais humana no encaminhamento das situações, o que foge de alguns padrões habituais.

"Quando tiver que escolher entre um sonho e um projeto, opte por aquele que você não realiza sozinho." Essa é a frase citada por um presidente de uma grande corporação ao fazer a abertura em um programa de sucessores. A partir de sua premissa, pode-se constatar que muitas conquistas relevantes são coletivas, cujos processos envolvem gestão de pessoas, gestão de conflitos, comunicação e influência. A tramitação no tecido social, com relacionamentos apropriados e valorosos, representa uma grande via de acesso a resultados.

Histórias de líderes bem-sucedidos normalmente contemplam as abordagens humanas. Dedicam tempo para estar com as pessoas, cuidam do bem-estar geral da organização e se esforçam em compartilhar, disseminar sua visão e sonhos.

Eles são os líderes transformadores, aqueles que se sobressaem pela alta capacidade de modificar substancialmente sua órbita pessoal e profissional. São seres humanos extraordinários! Como exemplo, Goleman e seus parceiros, no livro *A experiência de liderar com sensibilidade e eficácia,* nos ensinam sobre a fundamental atenção à sensibilidade dos indivíduos. Menciona que a missão básica da liderança é essencialmente emocional e, muitas vezes, ignorada e invisível; contudo presente. Significa imprimir, nas pessoas, um sentimento positivo, fazer despertar o que elas têm de melhor. A capacidade de gerar energia positiva, de provocar paixão e entusiasmo é um dos pontos de análise dessa liderança e tem, como consequência, um desempenho melhor dos liderados.

Nos momentos de crise e de impasse é que os líderes são mais exigidos e têm a possibilidade de demonstrar sua capacidade em fazer a diferença. Ser positivo e influenciar as pessoas em situações confortáveis é aparentemente mais simples, fazê-lo na adversidade é uma verdadeira arte. Lidar com as emoções das pessoas não significa lidar somente com as positivas, significa compreender e cuidar também de toda a gama de emoções a que estas estão submetidas nas diversas circunstâncias.

Atitudes e orientações dadas pelos líderes nesses momentos afetam as pessoas. Até os piores resultados, sejam eles de que natureza forem, devem ser administrados, cuidados e as emoções do grupo canalizadas corretamente.

Algumas questões para quem quer embarcar em um plano sério de evolução e capacitação – desenvolvimento. **Que competências são necessárias aos líderes para prosperar nas crises? O que mantém os líderes firmes em seus princípios diante de situações incômodas? Como criar ambientes de trabalhos saudáveis que favoreçam o desenvolvimento, a autonomia, iniciativa, criatividade, relacionamentos de valor e desempenhos extraordinários dos colaboradores?**

Em respostas a estas indagações, a maneira genuína de ser do líder, a naturalidade com que vê e interpreta as circunstâncias e como gerencia o seu significado têm um peso substancial na condução dos trabalhos e do grupo. Elementos marcantes como o riso e a cordialidade são disseminados com mais facilidade enquanto a irritabilidade e a depressão quase não reverberam. O resultado é, portanto, uma cadeia de sentimentos positivos. O humor inteligente é um ingrediente fabuloso para criar uma leveza e suavizar os temperamentos no ambiente de trabalho.

O estilo de um líder é demonstrado não só pelo que ele faz, mas, principalmente, "como" faz. O seu jeito em "fazer acontecer" e sua forma de interação exerce determinados impactos sobre o ambiente. Por exemplo: o estilo visionário cria ressonância, conduzindo as pessoas rumo a sonhos compartilhados; o democrático cria ressonância a partir da contribuição de todos pela participação. Cada estilo, de posse de suas características, promove resultados em diferentes situações. Qualquer que seja o estilo, poderá ser fortalecido com as competências da sensibilidade e eficácia por meio da inteligência emocional.

A liderança, como um grande desafio para o futuro da humanidade, carece de novas narrativas. Visando promover a transformação cultural tão necessária, apresenta-se a seguinte reflexão:

Como desenvolver cada vez mais líderes, que primem pelo desenvolvimento humano ao seu redor, levando-se em conta o condicionamento mental e emocional das pessoas, possibilitando que cada um desperte e dê o melhor de si?

De acordo com Simon Sinek (2019), do livro *Líderes se servem por último*:

> A liderança não é a licença para fazer menos; e é a responsabilidade de fazer mais. E este é o problema. Liderar dá trabalho. Consome tempo e energia. Os efeitos nem sempre são medidos facilmente e nem sempre são imediatos. A liderança é um compromisso com seres humanos. (SINEK, 2019)

Este tema oferece muitas perspectivas a serem exploradas. As questões apresentadas aqui não têm a pretensão de esgotar o assunto e o intuito foi oferecer informações e subsídios que pudessem favorecer e ampliar a potência de pessoas interessadas em evoluir e fazer a diferença no mundo. Os argumentos aqui explanados são, em sua maioria, extraídos a partir de experiências pessoais, leituras e pesquisas. Se provocaram análises ou uma menor mudança que seja, terão cumprido o intento.

Referências

BARRETT, Richard. *O Novo Paradigma da Liderança*. Editora Qualitymark, 2017.

CHARAN, Ram. *Pipeline de Liderança – o desenvolvimento de líderes como diferencial competitivo*. Editora Sextante, 2018.

GALVÃO, Luah. Liderança Holística. 2018. *Exame.* Disponível em: <http://exame.com.br/blog/o-que-te-motiva/lideranca-holistica>. Acesso em: 15 de jan. de 2021.

GOLEMAN, Daniel. *O poder da inteligência emocional: como liderar com sensibilidade e eficiência.* Tradução: Berilo Vargas. Rio de Janeiro: Objetiva, 2018.

KRETLY, Paulo. *Figura de transição — o poder de mudar gerações.* Editora Campus, 2005.

REIMAN, Joey. *Propósito: por que ele engaja colaboradores, constrói marcas fortes e empresas poderosas.* Tradução: Marcela Andrade. HSM Editora, 2013.

SINEK, Simon. *Líderes se servem por último.* Barueri: HSM Editora, 2016.

9

QUAL PAPEL VOCÊ OCUPA NAS RELAÇÕES INTERPESSOAIS?

Na comunicação humana, há peculiaridades e comportamentos que afetam a relação com o outro. Neste capítulo, fundamentado nos conceitos da Análise Transacional (AT), falaremos sobre o que normalmente funciona e o que não funciona para uma comunicação efetiva.

ELISABETH HEINZELMANN

Elisabeth Heinzelmann

Coach de Vida e Carreira com foco no desenvolvimento comportamental, como liderança, transição de carreira, autoconhecimento etc. MBA em Gestão Empresarial pela FGV. Certificada em Desenvolvimento Interpessoal Avançado pelo SBDG. Certificada em *Coaching & Mentoring* pelo Institutho Crescere & Personas em parceria com o ILM - Curitiba/Oxford. Analista transacional certificada pela UNAT. Especialização em Análise Transacional aplicada a Multiculturas – Oxford/Reino Unido. Supervisão de *coaches* pela TAworks - Oxford/Reino Unido. Bacharel em Matemática e tecnóloga em Processamento de Dados.

Contatos
www.krece.com.br
atendimento@krece.com.br
Facebook: @elisabeth.heinzelmann
Instagram: @coach.elisabeth.heinzelmann
LinkedIn: @elizabeth-heinzelmann-coach
47 99964-3714

A Análise Transacional é uma filosofia positiva e de confiança no ser humano: todos nós nascemos bem, com capacidade plena para obter sucesso e satisfação de nossas necessidades e de nossos semelhantes. O objetivo fundamental da AT é gerar *autonomia*, isto é, a capacidade de governar você mesmo, determinar seu próprio destino, assumir responsabilidades pelas suas ações e sentimentos e desfazer-se dos padrões que são irrelevantes e inadequados para viver no aqui e agora.

A autonomia é composta por três pilares:

Consciência – é o conhecimento do que está acontecendo agora;

Espontaneidade – é a liberdade de escolher. Ver as várias opções à sua disposição e usar o comportamento que julga ser apropriado a essa situação e aos fins a que se propõe;

Intimidade – é a expressão dos sentimentos de calor, afeto e proximidade em relação ao outro.

Essas três capacidades são inatas no ser humano; entretanto, algumas vezes, elas podem ser limitadas por situações estressantes ou traumáticas sofridas na infância, mas podem ser recuperadas via educação.

A AT, como o nome diz, é uma análise das transações e refere-se à comunicação interpessoal tanto no ambiente familiar, social, como profissional. A comunicação interpessoal é um conjunto de palavras, tons de voz, expressões, gestos e linguagem corporal.

Focaremos aqui nos seguintes recursos utilizados por Eric Bern: estados de ego (EE), transações, jogos psicológicos, fomes (necessidades básicas), triângulo dramático, posição existencial e fluência funcional.

Estado de ego (EE)

São subsistemas coerentes de sentimentos e pensamentos manifestados por padrões de comportamentos correspondentes. Trata-se do relacionamento intrapessoal:

Pai: conduta copiada dos pais ou figuras autoritárias que participaram dos seus cuidados. Pode ser modificada com o tempo com novas introjeções.

Criança: comportamento espontâneo. Demonstra suas emoções e sentimentos, frustrações e sensações.

Adulto: caracterizado por um conjunto autônomo de sentimentos, atitudes e padrões de comportamento que são adaptados à realidade atual. Cresce à medida que a criança se desenvolve com sua interação com o mundo exterior.

Todos os EE são importantes e indispensáveis para qualquer ser humano em qualquer idade. Eric Berne representou-os num diagrama composto por três círculos conectados entre si.

Diagrama estrutural - Estados do ego

Pai - tradição, moral, valores, ética, julgamento, preconceitos. Conceito de vida aprendido. Padrões culturais.

Adulto - informações, dados da realidade interna/externa, processamento de informações. Conceito de vida raciocinado.

Criança - sensações, sentimentos, criatividade, intuição e adaptações. Parte espontânea e autêntica da personalidade. Conceito de vida sentido.

Os três EE coabitam; porém, somente um estado opera por vez. Aquele que domina é o executor, mas existe um diálogo interno entre os outros dois que contribui para a decisão de qual comportamento será utilizado.

O revezamento dos EE é importante: a atuação do Pai é indicada onde se faz necessário o controle, situações desconhecidas, medo, em que é necessária a proteção; a atuação da Criança traz criatividade, novas ideias, novas experiências, diversão; já o Adulto é indicado para situações onde se faz necessária a análise acurada dos fatos para a tomada de decisão.

Essa dinâmica inicia-se nos primórdios da vida da criança, mas pode ser profundamente afetada pelo poder dos pais ou figuras de referência. As crianças não têm capacidade de contestar as injunções dos pais e obedecem-nas cegamente, muitas vezes, até o final da vida. O autoconhecimento leva à consciência de qual estado de ego está operando no momento presente para ter a autonomia de escolher qual é o mais útil para a situação.

Os EE Pai e Criança podem ser utilizados no circuito positivo ou negativo

O EE Pai manifesta-se positivamente na forma de Pai Crítico, que é orientador, protetor, direto, firme e justo; ou Pai Protetor, que é permissivo, afetuoso, protetor, ensinando sem imposição. No circuito negativo, o EE Pai manifesta-se como Pai Crítico, que é perseguidor, agressivo, autoritário, humilhante, preconceituoso e moralizador compulsivo; ou como Pai Protetor, que é salvador, superprotetor e meloso, que impede o crescimento.

O EE Criança manifesta-se positivamente como Criança Adaptada, que é disciplinada e responde automaticamente em situações de rotina, adequando-se às normas sociais, possibilitando a convivência na sociedade; e Criança Livre, que é espontânea, natural, afetuosa, criativa, curiosa e intuitiva. No circuito negativo, o EE Criança manifesta-se como Criança Adaptada, que repete condutas destrutivas da infância; pode ser Criança Adaptada Submissa ou Rebelde, cheia de temores, ansiedade, angústia, oposição sistemática, ressentimento, desconfiança e ódio; e como Criança Livre Negativa, que é egoísta, bagunceira, impetuosa e ruidosa.

O EE Adulto é considerado pela maioria dos autores como o EE em que só opera no circuito positivo.

Transações

É uma manifestação da relação social, ou seja, as diferentes formas de comunicação entre duas pessoas cada uma assumindo um EE. Existem 3 tipos de transação:

Transação complementar entre dois EE

Pode continuar assim indefinidamente até que um deles altere o seu EE. Exemplo: um funcionário que prefere um chefe autoritário e comporta-se de maneira submissa e não vê problema nisso. Podemos dizer que o EE do chefe é Pai (no caso, autoritário) e do funcionário é Criança (no caso, submissa).

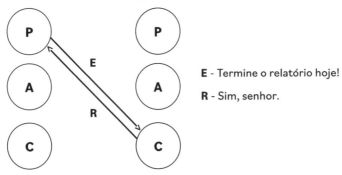

Transação complementar

E - Termine o relatório hoje!
R - Sim, senhor.

Transação cruzada

Onde a comunicação é normalmente interrompida por alguns segundos porque o comunicador fala de um EE para outro EE e o receptor responde de um EE diferente para outro.

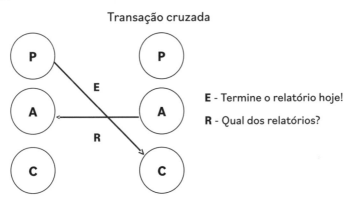

Transação cruzada

E - Termine o relatório hoje!
R - Qual dos relatórios?

Transação ulterior

Uma comunicação que dá a impressão de que a pessoa quer dizer uma coisa, mas, na verdade, quer dizer outra. O comunicador emite uma mensagem com palavras socialmente aceitáveis, mas existe um tom normalmente diferente na sua expressão, dando outro sentido. Às vezes, o receptor pode responder no sentido social e, às vezes, no sentido psicológico, causando dúbias interpretações. É aí que começam os problemas de comunicação e os conflitos.

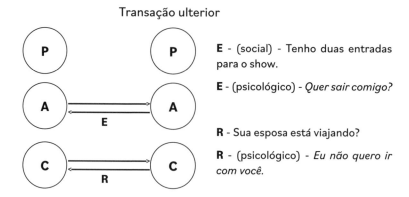

As Transações Ulteriores são, normalmente, convites para formas distorcidas de comunicação, cheias de mensagens ocultas que resultam em confusão e conflitos, porque podem ser entendidas pela mensagem social ou pela oculta (psicológica). São consideradas tóxicas e originam os *Jogos Psicológicos*.

Na figura acima a conversa poderia tomar diferentes rumos, como, por exemplo, **E** responder: *Estou apenas te contando, claro que vou com minha esposa*. Outra possibilidade seria, em vez de **R** responder no EE Criança livre Não Ok, poderia dizer: *Que bom! Aproveite o show!*

Jogos psicológicos

Em AT, ocorre uma série de transações ulteriores, geralmente repetitivas, aparentemente aceitáveis, com uma motivação oculta. É um procedimento semiautomatizado, não consciente, de a pessoa obter algum tipo de atenção. Normalmente, terminam com os envolvidos sentindo um desconforto com o desfecho.

Todos jogam; isto é inerente das relações humanas. Quando um jogo psicológico é jogado de forma consciente, passa a ser manipulação. Algumas dicas de como sair destes jogos:

- Ficar atento se é um jogo e não jogar, fazendo perguntas abertas para esclarecer do que se trata. Exemplo: "Entendo, tem algo que eu poderia fazer por você?" ou "O que você quer dizer com isso?".
- Expor o jogo. Exemplo: "Me dei conta de que estou tentando te ajudar, mas acho que não está funcionando".
- Jogar o jogo.
- Jogar outro jogo.

Fomes

Todos jogam e fazem isso porque normalmente têm necessidades básicas não atendidas. Elas podem ser: fome de estímulo (necessidade de receber estímulos), fome de reconhecimento, (necessidade de ser percebido), fome de contato (físico, verbal), fome de estrutura (necessidade de organizar o tempo, tanto o presente como o médio e o longo prazo), fome de incidentes (necessidade de acontecimentos que quebrem a monotonia) e fome de intimidade (afeto). O homem é, sobretudo, um ser social e não sobrevive sem contato.

Triângulo dramático

S. Karptmann criou o Triângulo Dramático para explicar uma comunicação tóxica baseada em jogos psicológicos e dar uma luz sobre outro tipo de comunicação: a **comunicação assertiva**, que nada mais é do que uma comunicação **não violenta.**

Nos relacionamentos, principalmente com as pessoas que passam mais tempo juntas (família, empresa ou amigos), repetem-se situações em que as pessoas se sentem desconfortáveis com o desfecho de uma conversa. Não percebem como sair disso, pois acontece de forma **não consciente.**

Para iniciar um jogo psicológico é necessário pelos menos duas pessoas dispostas a jogar. A característica principal é iniciar em um papel e converter-se em outro (é o significado das flechas no desenho abaixo criado por Karptmann).

Triângulo Dramático de Karptmann

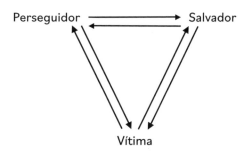

(Papeis utilizados de forma representativa).

Características dos papéis (importante: a intenção da pessoa em cada papel é sempre boa):

Perseguidor: Impõe normas, persegue os que se mostram fracos, manipula pelo medo. Fome: Ser reconhecido por mandar e ser autoritário; EE Pai Crítico Negativo; Posição Existencial é +/-, ok/ñok. Considera-se melhor que o outro.

Salvador: Sacrifica-se potencializando a si como vítima, manipula com o suborno, oferece falsa ajuda. Fome: necessita ser necessitado; EE Pai Protetor Negativo; Posição Existencial +/- ok/ñok. Considera-se melhor que o outro.

Vítima: Provoca para ser humilhada, mostra-se indefesa, manipula com sentimento de culpa, reclama para ser reprovado. Sente-se injustiçada. Fome: ajuda e compaixão; EE Criança Adaptada Negativa; Posição Existencial -/+ ñok/ok. Considera-se inferior aos outros.

Posição existencial

A pessoa decide cedo na vida qual a posição existencial que ocupará no mundo. É uma visão particular e impacta na energia e na fluidez da conexão com outras pessoas.

São quatro as posições existenciais:
1. Eu ok/vc ñ ok (+/-). Sentimentos: superioridade, arrogância, nepotismo, descaso com o outro. Relacionamento: posição de comando, poder e controle. Reatividade: ataque.
2. Eu ñ ok/vc ok (-/+). Sentimento inferioridade, baixa autoestima, insegurança. Reatividade: submissão.
3. Eu ñ ok/vc ñ ok (-/-). Sentimentos: tristeza, pessimismo, abandono, desinteresse por si e pelo outro. Reatividade: fuga.
4. Eu ok/vc ok (+/+). Sentimentos: respeito pelo outro, aceitação das diferenças. Reatividade: negociação. É a única posição saudável.

Cada pessoa tem a sua posição preferida, mas, dependendo do contexto, podem oscilar entre uma e outra posição, e isto é ok. Mas todos podem escolher conscientemente mudar para eu ok/vc ok.

Fluência funcional

A **fluência funcional** denota eficácia de funcionamento interpessoal em termos de flexibilidade e equilíbrio dos modos comportamentais que uma pessoa usa. Susannah Temple recentemente criou este conceito baseado nos EE de Eric Bern, que operam no circuito positivo, e esclarece como eles alternam seu *modus operandi* de acordo com o objetivo da comunicação interpessoal.

Denominou de **comportamentos dourados** para os EE que operam no circuito positivo (auxiliam a fluência da comunicação) e de **comportamentos roxos** os que operam no circuito negativo (interferem na fluência da comunicação).

Comportamentos dourados:
- *Estruturador*: inspirador, bem organizado e firme.
- *Nutridor*: acolhedor, compreensivo e compassivo.
- *Cooperativo:* amigável, assertivo e atencioso.
- *Espontâneo*: criativo, cheio de energia e expressivo.

Comportamentos roxos:
- *Dominador*: mandão, procura defeitos, é punitivo.
- *Condescendente*: super indulgente, inconsistente e sufocante.
- *Complacente/Resistente*: ansioso, rebelde e submisso.
- *Imaturo*: egocêntrico, descuidado e egoísta.

Para Temple o EE Adulto é o Adulto Integrado, o qual chamou de ***Considerando*** – um estado de como enxergamos a vida de momento a momento do aqui e agora, acessando o interior e exterior da realidade corrente, estando alerta, consciente, racional e avaliativo, escolhendo as diferentes possibilidades de atuação para obter diferentes resultados. Mudar comportamentos é possível, mas o gatilho é você ter uma intenção genuína para que isso aconteça e perseverança.

De acordo com a neurociência, para cada reação, aprendizado, comportamento, pensamento, sentimento etc., várias sinapses são realizadas no cérebro, criando novas conexões; um novo caminho. Isso significa que o mesmo pensamento, o mesmo sentimento, o mesmo comportamento irão usar as mesmas conexões e fortalecer esse caminho cada vez mais. Quando novas sinapses passam por regiões que ainda não foram utilizadas, é preciso criar e fortalecer esse novo caminho. Quanto mais for utilizado, mais definido ficará e tornar-se-á um novo hábito. Se o caminho das antigas sinapses não for mais utilizado, aos poucos ficará apenas um rascunho, mas continuará lá.

É possível que, em situações de estresse, a pessoa volte ao comportamento antigo, mas, em seguida, retornará ao novo comportamento se o caminho das novas sinapses estiver definido, fortalecido e trazendo retorno positivo.

Exercício diário para uma mudança eficaz: apoiando-se nos seus EE Positivos, escolha uma coisa simples e possível de ser atingida, por exemplo: acordar 1/2 hora mais cedo. Depois mais complexas como pedir para o outro um tempo para responder algo difícil e elaborar sua fala. No começo, fica mecânico e é preciso esforço para lembrar e cumprir. Coloque foco; se voltar ao antigo hábito, considere normal, isto acontece no começo. Registre o ocorrido e retome na próxima oportunidade. Persista.

Referências

BERNE, Eric. *Os jogos da vida: a psicologia transacional e os relacionamentos entre as pessoas*. São Paulo: Artenova, 1977.

HARRIS, Thomas. *Eu estou ok, você está ok*. Rio de Janeiro: Record, 1969.

KRAUSZ, Rosa. *Trabalhabilidade*. São Paulo: Nobel, 2012.

STEINER, Claude. *Os papéis que vivemos na vida*. São Paulo: Artenova, 1976.

TEMPLE, S. Atualização no modelo de fluência funcional na educação. Traduzido e adaptado por Renato Morandi. *Revista Brasileira de Análise Transacional*. 2017.

TIEPPO, Carla. *Uma viagem pelo cérebro — a via rápida para entender neurociência*. São Paulo: Conectomus, 2019.

WOOLAMS, Stan; BROWN Michel. *Manual completo de análise transacional*. São Paulo: Cultrix, 1979.

10

RELACIONAMENTOS OTIMIZADOS GERAM MAIS BEM-ESTAR E FELICIDADE

Aristóteles disse: "o homem, é, por natureza um animal social". Os relacionamentos têm importantíssimo papel no pensamento humano e definem como pode ser nossa vida. Nossas melhores experiências sempre acontecem quando estamos cercados de pessoas. Um dos maiores desejos do ser humano é estabelecer relacionamentos estáveis, duradouros e recompensadores. Otimizá-los é determinante para conquistarmos mais bem-estar e felicidade.

EUNICE CRUZ

Eunice Cruz

Advogada, administradora de empresas, bacharel em Comunicação Social, *professional* e *life coach* certificada pela Sociedade Brasileira de Coaching, reconhecida pela International Coaching Council – ICC, Master em PNL, hipnoterapeuta. Pós-graduada em Direito Civil, Gestão de Pessoas e Gestão do Terceiro Setor. Realizou inúmeros cursos de extensão na área de Relações Humanas com importantes profissionais no Brasil e no exterior.

Por 18 anos, exerceu cargos de liderança em grandes empresas e, há mais de 25 anos, atua como advogada, consultora, palestrante e facilitadora. Escreveu mais de 200 artigos para *sites,* revistas e jornais. Ministrou palestras e treinamentos no Brasil e em diversos países. Fundadora e consultora master da Girassol – Desenvolvimento Humano (2004).Conselheira do CNDM – Conselho Nacional dos Direitos da Mulher. Empreendedora social, conselheira superior da BPW (Business Professional Women) - Federação das Associações de Mulheres de Negócios e Profissionais do Brasil.

Contatos
www.girassoldh.com.br
euniceacruz@gmail.com
Instagram: Eunice Cruz
Facebook: Girassol Desenvolvimento Humano
18 3223-7080
18 99787-3470

Vivemos tempos em que mal damos conta de atender a todas as nossas demandas. E essa corrida desenfreada, muitas vezes, impede-nos de dar atenção a algo muito importante para todos: os relacionamentos, que afetam de forma extremamente significativa nossa vida, incluindo nossa forma de pensar, de sentir e, ainda, nosso comportamento.

É incontestável a importância dos relacionamentos e a necessidade de olharmos para eles com atenção e buscarmos otimizá-los, aprimorá-los, descobrindo novas e melhores formas de nos relacionarmos, seja socialmente ou no ambiente corporativo. É vital que otimizemos nossos relacionamentos, pois eles são determinantes para alcançarmos bem-estar e felicidade.

O relacionamento interpessoal faz parte do cotidiano de qualquer ser humano e, por isso, é essencial que essas relações aconteçam de forma positiva e construtiva. E também é fundamental que as relações sejam benéficas para todos os envolvidos, tais como: cônjuges, pais, filhos, irmãos, amigos, colegas e equipes de trabalho ou estudo. Da mesma forma que boas relações com familiares podem influenciar positivamente nossa vida, criar bons relacionamentos profissionais é muito importante para a construção da carreira, de bons ambientes no trabalho, para melhorar a produtividade, a qualidade de vida e a motivação.

Inteligência Emocional

Relações intrapessoais e interpessoais

Tão importante quanto nos relacionarmos com as pessoas é a forma com a qual nos relacionamos com nós mesmos. Por isso, o autoconhecimento e o desenvolvimento da inteligência emocional são os principais caminhos para termos bons relacionamentos intrapessoais e interpessoais.

Entendemos por inteligência emocional a capacidade de reconhecer e avaliar os nossos próprios sentimentos e emoções e os dos outros, bem como a capacidade de lidar com eles. É a capacidade de administrar as emoções para alcançar objetivos e otimizarmos nossas relações. A partir dessa concepção, é possível entender por que as pessoas devem saber lidar com seus medos, inseguranças e insatisfações em prol do êxito nas atividades.

É necessidade básica conhecermos nossos sentimentos e emoções para construirmos relacionamentos saudáveis. Estar bem consigo mesmo é o primeiro passo para estar bem com as outras pessoas. É por isso que é fundamental estarmos atentos ao que se passa dentro de nós e como refletimos ou reagimos aos nossos sentimentos e emoções. Compreender nossos sentimentos é entender nossa reação ao mundo que nos circunda.

A responsabilidade por nossa vida neste mundo está em nossas próprias mãos. Sempre esteve e estará. E, para que possamos ter controle emocional, é preciso investir muito em autoconhecimento, aprender a lidar com sentimentos negativos, respeitar nossos limites e o dos outros, exercitar a empatia e evitar a tomada de decisões no calor das emoções.

É necessário otimizar nosso relacionamento intrapessoal, que sinaliza o quanto nos conhecemos, nos respeitamos e nos amamos, tornando-o excelente para que tenhamos uma vida plena, com sentido e propósito e façamos a diferença na vida daqueles com os quais nos relacionarmos.

No ambiente de trabalho, muitas vezes é ainda mais difícil mantermos o equilíbrio e o controle emocional. Muitos acontecimentos e situações obrigam-nos a desenvolver a capacidade de manter o equilíbrio para lidar com cada uma delas sem perder o controle, conquistando nossos objetivos com sucesso.

Para que tenhamos essa capacidade de manter o equilíbrio e não perder o controle da situação, é imprescindível que tenhamos comportamentos que possam nos ajudar no momento crucial de encarar os problemas do cotidiano profissional.

Conhecer-se profundamente permitirá que você saiba como reagirá diante dos sentimentos e emoções e isso lhe permitirá encontrar as melhores formas de lidar com eles. Não podemos controlar os sentimentos e emoções alheios, mas podemos controlar nossos impulsos e decidir como reagir. É preciso saber que as nossas emoções podem ser positivas ou negativas e que precisamos aprender a contê-las ou externá-las da melhor forma.

Somente quando temos uma relação intrapessoal bem gerenciada é que poderemos gerir as relações interpessoais, tornando-as saudáveis e criando uma imagem positiva diante dos nossos colegas de trabalho e, principalmente, de nossos superiores. Quando exercitamos o autoconhecimento, aprendemos maneiras de nos controlarmos e evitarmos a demonstração de sentimentos como: ansiedade, frustração, baixa autoestima, decepção, medo e outros, diante das pessoas e, também, a lidar com eles, mesmo quando estamos sozinhos.

O autoconhecimento nos permite desenvolver o controle emocional, agindo com mais racionalidade, ao invés de ceder aos impulsos decorrentes de nossas emoções. Controlando nossas emoções, poderemos tomar decisões mais assertivas, tanto no ambiente social como no trabalho.

Otimizando as relações

A primeira certeza de que devemos ter é a de que a pessoa mais importante e incrível do mundo é a que habita em nosso corpo. Não que sejamos super-heróis ou não tenhamos defeitos, mas precisamos crer que estamos dotados de tudo que precisamos para desenvolver nossos talentos e habilidades e conquistarmos o que desejarmos. E também para trabalhar com cada um dos nossos sentimentos, emoções, capacidades, talentos, forças e virtudes, a fim de conquistarmos todos os nossos objetivos.

Todos nascem com a incrível capacidade de aprender, adaptar-se, desenvolver e aprimorar talentos e capacidades e estabelecer relacionamentos. Antes mesmo de nascer, uma relação absolutamente única existe entre a mãe e o filho. Depois vêm os relacionamentos familiares, que são a base para o bom desenvolvimento de todos os componentes da família. É neles que, inicialmente, aprendemos as primeiras lições de como agir e nos defendermos das maldades do mundo exterior.

As relações familiares, principalmente na fase da infância, direcionam a estrutura psicossocial do indivíduo em relação a si mesmo e aos outros, suas esperanças, expectativas, seus objetivos, suas metas, suas satisfações e limitações, ao ponto de que estes podem viver num mundo de realidades, de impotências ou de sonhos satisfeitos ou frustrados.

E, depois, as primeiras relações sociais acontecem no sistema escolar que, além de envolver uma gama de pessoas com características diferenciadas, inclui um número significativo de interações contínuas e complexas em função dos estágios de desenvolvimento do aluno. Trata-se de um ambiente multicultural que abrange também a construção de laços afetivos e preparo para a inserção na sociedade. Diferentes relações são estabelecidas na fase escolar da criança, do adolescente e do jovem e todas elas trazem um aprendizado que será a base para as relações na fase adulta.

Precisamos aprender a relacionarmo-nos. E a forma como lidamos com nossas relações é que vai dar o tom da nossa vida. Relacionamentos demandam atenção e cuidados. E, muitas vezes, é preciso otimizá-los, torná-los melhores, extrair deles o máximo de satisfação que puderem nos proporcionar.

Em uma de suas lindas canções, Tom Jobim diz que "é impossível ser feliz sozinho". E está coberto de razão, pois nossa vida é permeada pelos mais diferentes tipos de relacionamentos, desde os mais superficiais àqueles que fazem parte da nossa maior intimidade. E precisamos deles para que nossa vida tenha sentido. É mesmo impossível encontrar alguém que seja funcional e que não tenha ou deseja algum tipo de relacionamento. Para que a felicidade seja completa, precisamos de alguém para compartilhar, pois a solidão deixará uma sensação de felicidade incompleta. E, nos momentos de tristeza, é nos relacionamentos que encontramos força para superar e dar a volta por cima. A necessidade de relacionar-se difere entre os seres humanos, mas o que é certo é que de uma ou outra maneira todos precisam de relacionamentos.

O pai da Psicologia Positiva, Martin Seligman, enfatiza, em sua teoria, que o bem-estar possui cinco elementos: emoções positivas, engajamento, sentido, realização e relacionamentos. Certamente, experimentaremos muitos momentos de felicidade e bem-estar se estiverem presentes, em nosso cotidiano, os citados cinco elementos. E, ainda, que os relacionamentos sejam fortemente responsáveis por importantes picos de realização, emoções positivas, sentido e engajamento e, consequentemente, de felicidade e bem-estar.

Os pesquisadores James Fowler e Nicholas Christakis endossam esse conceito, afirmando que a felicidade de uma pessoa depende, entre outros fatores, da felicidade das pessoas emocionalmente próximas. E, com base em seus estudos, também declaram que, quanto mais conectado a uma rede de amigos ou família, maiores são as chances de um indivíduo atingir a felicidade. Quanto mais apoio social recebemos, por meio de nossos relacionamentos, mais temos bem-estar. Quanto mais relacionamentos uma pessoa tem, mais feliz ela parece ser e mais engajada ela se mantém. Assim, também, como mais forte ela será na lida com as contingências referentes a violência, crises e demais vulnerabilidades da vida moderna.

Não há como desconsiderar que existem, e não são raros, os relacionamentos negativos, disfuncionais e manipulativos, e, quase sempre, precisamos de outras relações para nos dar suporte e ajudar a superar as emoções desagradáveis e consequências, passar por elas e voltar à estabilidade emocional.

Todos nós precisamos de relacionamentos proveitosos, otimizados, mas construir esse tipo de relação, provavelmente, exigirá tempo, interação pessoal e trabalho árduo. E precisamos ser sensíveis para perceber o momento que uma ou outra das nossas relações estiverem precisando de cuidados especiais. Relações são como plantas que precisam ser cuidadas, adubadas, regadas com frequência para que não morram ou se tornem tóxicas. Muitas vezes os envolvidos não percebem que todo o desconforto vivido no seu dia a dia é gerado por relações doentes, que precisam ser curadas; otimizadas.

Relacionamentos positivos não acontecem por acaso; são sempre produzidos por nossas escolhas. Em todo o tempo podemos escolher entre elogiar ou criticar, julgar ou entender, construir ou destruir, falar bem ou difamar, valorizar ou desmerecer, reconhecer ou ignorar. Sempre estamos diante de opções em nossos relacionamentos e cabe a nós a escolha de mantê-los saudáveis, positivos, cultivando-os, otimizando-os.

Uma excelente forma para sabermos fazer as melhores escolhas nos momentos cruciais é exercitarmos a empatia. Sendo empáticos, iremos identificar-nos com a outra pessoa a fim de entender o que ela sente e ver as coisas do ponto de vista dela, reconhecendo e entendo nossos próprios defeitos e tendo claro que jamais encontraremos alguém perfeito, por melhor que seja.

Seja nos relacionamentos familiares, sociais, amorosos ou corporativos é imprescindível que cada um tenha consciência de que, ao invés de apenas esperar pela atenção, compreensão e capacidade de aceitar e perdoar do outro, precisa adotar um comportamento mais amoroso, mais construtivo, mais compreensivo e empático.

Assim, viveremos com muito mais bem-estar, ou seja, seremos mais felizes; realizaremos nosso potencial; atingiremos nossos objetivos; teremos propósitos e significado na vida; seremos mais resilientes, otimistas, engajados; construiremos relacionamentos saudáveis e os otimizaremos; usufruiremos emoções positivas; disporemos de melhor saúde física, mental e emocional; em suma, viveremos mais e melhor. E também trabalharemos melhor, encontraremos realização naquilo que fazemos, construiremos negócios de sucesso com muita ética e garra, seremos líderes extraordinários e profissionais que contribuirão, dia após dia, para que os frutos do nosso suor sejam uma forma de somar para a construção de um mundo melhor.

Referências

SELIGMAN, Martin. *Florescer*. São Paulo: Schwarcz, 2011.

VICTÓRIA, Flora. *Semeando felicidade*. Goiânia: SBCoaching, 2016.

VICTÓRIA, Flora. *Florescimento na prática*. Goiânia: SBCoaching, 2018.

VISCOTT, David. *A linguagem dos sentimentos*. São Paulo: Summus, 1982.

11

POSITIVIDADE NAS RELAÇÕES INTERPESSOAIS

Neste capítulo, iremos abordar estratégias e reflexões de como construir relacionamentos interpessoais mais positivos a partir do olhar mais positivo para com o outro, de atitudes mental e emocional positivas e da aplicação, no dia a dia, do poder do perdão e da magia da gratidão, resgatando a positividade e a humanização nas relações interpessoais.

FRANCISCO DE ASSIS DAS NEVES MENDES

Francisco de Assis das Neves Mendes

Líder servidor e missionário do aprendizado contínuo. Tem como missão e propósito de vida "inspirar pessoas a sonharem mais e aprenderem mais, ajudando a construir um mundo melhor". Formação internacional com doutorado em Ciências Empresariais e Sociais na Argentina, mestrado em Estratégias Empresariais em Portugal e intercâmbio na Inglaterra. Administrador com especializações em Gestão de RH pela Universidade Cândido Mendes e Direito do Trabalho & Previdenciário pela PUC -MG, além de MBA em Gestão Empresarial pela USP. Cursou Transformação Digital e Futuro dos Negócios pela PUC-RS. Trabalha na HONDA há 23 anos, com carreira desenvolvida em gestão de rh, relações trabalhistas e liderança em projetos de TI. Também é diretor da ABRH AM, Professor de Pós-graduação, Palestrante e Escritor. É coautor dos livros *Autoconhecimento e empoderamento* e *Liderando juntos BXYZ*, este último pela Literare Books. Foi palestrante no CONARH/IBC em 2019 e recebeu premiações via RH das empresas como "Melhores grandes empresas para se trabalhar do Brasil" pelo Instituto GPTW / Revista Época e Prêmio Ser Humano pela ABRH Brasil.

Contatos
fassisnm@yahoo.com.br
Facebook: FranciscoDeAssisMendes

As palavras de amizade e conforto podem ser curtas e sucintas, mas seu eco é infindável.

Madre Tereza de Calcutá

Introdução

O mundo está passando por diversas transformações sociais e tecnológicas que impactam diretamente as relações interpessoais, sendo que as gerações mais novas estão priorizando as relações sociais via redes sociais na internet em detrimento dos relacionamentos físicos. Isso tem como consequência o aumento do individualismo nas relações pessoais e profissionais, provocando o surgimento de diversas doenças ligadas à mente humana, como depressão, síndrome do pânico, ansiedade e outros.

Neste capítulo apresentarei pilares que ajudarão as pessoas a construírem relacionamentos interpessoais mais afetivos e saudáveis, contribuindo para o resgate da positividade e do bem-estar nas interações humanas por meio do desenvolvimento do autoconhecimento, do respeito pela história do outro, de atitudes mentais positivas e da aplicação do poder do perdão e da magia da gratidão.

Florescendo com o autoconhecimento

O autoconhecimento é a chave para construirmos nosso bem-estar e felicidade na vida pessoal e profissional. Conhecer-nos mais profundamente é a estratégia para responder a diversos questionamentos sobre nós, como, por exemplo: quem somos? Qual é a nossa missão e o nosso propósito? Quais são os nossos valores? Qual é nossa visão de futuro? O que nos faz felizes? E assim por diante. Conhecermos quem somos nos possibilita definir estratégias e ações de acordo com aquilo que nos faz felizes. Saber quem somos nos possibilitará construir relacionamentos mais assertivos, com menos conflitos e mais harmonia.

De acordo com Marques (2015), a felicidade, o sucesso, a prosperidade e tudo que desejamos só irá brotar se estivermos vivendo em harmonia. Para Hill (2016), "harmonia é uma das leis da natureza, sem a qual não pode haver algo como a energia organizada, ou qualquer forma de vida". O autor ainda afirma que a falta de harmonia é a primeira e, muitas vezes, a única causa do fracasso.

Quando nos conhecemos melhor, respeitamos mais a nossa história e passamos a nos aceitar como somos, valorizando cada momento da nossa vida, agradecendo pelos momentos de alegria e ressignificando os momentos de dificuldades, passando a considerá-los como aprendizado para nossa evolução emocional e espiritual.

Segundo Chopra (2015), se podemos responder a esta pergunta básica: "quem somos?", podemos encontrar a resposta para todas as demais perguntas relacionadas, como: De onde venho? Que sentido e propósito tem a vida?

Como José Roberto Marques fala em suas palestras e treinamentos, "quanto mais me conheço mais me curo". Diria que quanto mais me conheço mais curo e mais me torno um ser humano melhor, um pai, um filho, um irmão, um amigo, um colega e um profissional melhor.

O autoconhecimento é uma procura por autoaprendizado contínuo em nossas vidas, buscando sempre refletir e enxergar aprendizados em cada conquista e dificuldade, evoluindo para um próximo patamar de sabedoria, que nos levará a pensar e agir com mais empatia, compaixão, benevolência e assertividade na vida pessoal e profissional.

A força da atitude mental positiva

Em um mundo cada vez mais competitivo e cheio de desafios, precisamos desenvolver uma atitude positiva para vida, pois, do contrário, poderemos sucumbir para as mazelas do adoecimento do século XXI (depressão, ansiedade e outros) quando nos depararmos com situações nas quais não consigamos atingir o sucesso ou o objetivo previamente planejado ou quando a vida nos apresentar situações negativas.

Para desenvolvermos uma atitude mental positiva, o primeiro passo é entender que na vida de qualquer pessoa haverá momentos de sombra e momentos de luz. A diferença em como cada ser humano reage a esses momentos. Se agir com atitude mental negativa, irá gerar emoções negativas; se agir com atitude mental positiva, irá gerar emoções positivas.

Segundo Hill (2015), a vida nunca nos deixa encalhados. Se ela nos dá uma dificuldade ou desafio, dá-nos também as habilidades para enfrentar estas mesmas questões. Nossas habilidades variam, é claro, de acordo com nossa motivação para usá-las.

Como disse Sophia Mendes (minha filhota de 10 anos), na vida, nunca desista, insista, persista, que um dia você conquista. Pensar positivamente é acreditar que você pode alcançar seus sonhos e seus objetivos; é pensar que, mesmo nas adversidades, haverá sempre uma lição positiva. Que, mesmo quando encontrar pedras em seu caminho, haverá uma recompensa para quem retirá-las; ou seja, agindo com *mindset* positivo, sua vida será mais positiva e com mais prazer de vivenciá-la.

Para Robbins (2017), a única segurança verdadeira na vida provém de saber que, a cada dia, você melhora de alguma maneira, que aumenta a capacidade de quem é e que é valioso para sua empresa, seus amigos e sua família. Segundo Seligman (2010), as pessoas felizes não somente resistem melhor à dor e adotam mais precauções relativas à segurança e à saúde quando ameaçadas, mas também as emoções positivas desfazem as negativas.

De acordo com Achor (2012), quando o nosso cérebro está constantemente procurando e concentrando-se no positivo, nós nos beneficiamos das três ferramentas mais importantes: felicidade, gratidão e otimismo. Para Goleman (2005), da perspectiva da inteligência emocional, ser esperançoso significa que não vamos sucumbir frente a uma ansiedade arrasadora, uma atitude derrotista ou em depressão diante de desafios ou reveses difíceis.

Precisamos, diariamente, semear a positividade em nossas vidas e na vida dos outros, fortalecendo nossas crenças positivas e o nosso *mindset* do crescimento, pois no decorrer de nossas vidas, enfrentaremos grandes batalhas e conquistas, sendo que o resultado de nossas emoções e ações dependerá diretamente de como utilizamos nossa atitude mental. Recomendo que sempre utilizemos a atitude mental positiva, pois dessa forma podemos construir conexões positivas em nossas vidas.

Respeitando a história do outro

Respeitar a história do outro é sinal de sabedoria, humildade, empatia, benevolência, compaixão e assertividade. O filósofo Aristóteles, na Grécia Antiga, disse que o homem aprendeu a escrever os defeitos no bronze e as virtudes na água. Esse pensamento perdurou-se até os dias de hoje e tornou-se comum para a maioria das pessoas enxergar, nos outros colegas, mais fortemente os defeitos do que as virtudes, fazendo com que as relações interpessoais construam-se de forma negativa.

Para Carnegie (2012), em vez de condenar os outros, procuremos compreendê-los e descobrir por que fazem o que fazem. Essa atitude é muito mais benéfica e intrigante do que criticar; gera simpatia, tolerância e bondade. Todas as pessoas, isso inclui todos nós, temos a tendência, quando conhecemos uma nova pessoa, a enxergar primeiro os defeitos e só depois, quem sabe, enxergar alguma virtude, seguindo a máxima de Aristóteles.

É preciso entender que todas as pessoas possuem virtudes e defeitos, sendo que, dentro de um contexto de positividade nos relacionamentos, precisamos dar ênfase nas virtudes da outra pessoa, pois, desta forma, poderemos construir um *rapport* e desenvolver relacionamentos mais harmoniosos.

Os relacionamentos interpessoais construídos a partir da lente das virtudes, ou seja, de enxergar o outro como um ser de luz, valorizando e respeitando sua história, possibilitará a construção de relacionamentos harmoniosos, gerando uma sensação de bem-estar e prazer entre as pessoas envolvidas.

O poder do perdão

Muitas situações de divergência e de conflito acontecem na vida de todas as pessoas e, na maioria das vezes, após uma situação dessas, as pessoas saem com sentimento de amargura e rancor no coração, desenvolvendo sentimentos de vingança, construindo em suas mentes e corações pensamentos e emoções negativas que irão impactar em comportamentos, atitudes e ações negativas para com a outra pessoa em "desafeto".

As grandes guerras da humanidade acontecem por divergências política e religiosa, nas quais as partes não aceitam ceder para o sucesso do outro. E isso acaba gerando grandes conflitos, rancores e sentimento de vingança, os quais desencadeiam guerras e mortes desnecessárias de milhares de pessoas, o que poderia ser evitado pelos líderes se desenvolvessem a capacidade de perdoar o outro.

Como disse Ghandi, "o fraco jamais perdoa: o perdão é uma das características do forte". Nesse contexto, sabiamente colocado por Ghandi, os fracos não têm a fortaleza de perdoar, pois, para perdoar, as pessoas têm que ter desenvolvido sentimentos de benevolência e compaixão, coisas que as pessoas fracas não têm, pois estão cegas pelos sentimentos de ódio, rancor e vingança.

Mandela, ao caminhar em direção ao portão que lhe levaria à liberdade, refletiu que, se não deixasse sua amargura e seu ódio para trás, ainda iria permanecer na prisão. Perdoar é o exercício de esquecer as coisas negativas do passado e viver o presente com compaixão e benevolência.

A magia da gratidão

O que é gratidão? Qual a importância da gratidão em nossas vidas e em nossos relacionamentos? Primeiro temos que entender o que é gratidão. Segundo um dito francês "a gratidão é a memória do coração". Já William Shakespeare considerava "gratidão o único tesouro dos humildes". Friedrich Nietzsche disse: "a essência de toda arte bela, de toda grande arte, é a gratidão".

Poderíamos conceituar gratidão como sendo "a arte que vem do coração dos humildes", pois somente pessoas com humildade são capazes de agradecer algo a outra pessoa que lhes fez um favor ou uma contribuição à sua vida. A gratidão provoca uma magia positiva em nossas vidas, pois, a partir do momento em que colocamos a gratidão como atitude positiva, passamos a reclamar menos, a julgar menos e a enxergar as dificuldades como aprendizados, agradecendo todos os dias pelas coisas boas e pelos aprendizados.

Experimente agradecer, logo que se levantar da cama, a Deus, por mais um dia vida; pela sua família e amigos; por sua saúde; pelo seu emprego; pelas dificuldades enfrentadas como momento de aprendizados; pelas conquistas; por ter a oportunidade de realizar seus sonhos e objetivos, ou seja, agradecer, agradecer e agradecer.

Quando colocamos a gratidão no nosso dia a dia, a vida fica mais leve e mais plena, provocando uma verdadeira magia, pois, em vez de reclamar e gerar energia negativa, passamos a agradecer pelas conquistas e aprendizados, gerando uma energia positiva no universo. Agradecer é um ato de humildade para com a vida e somente os humildes são capazes de agradecer; esse é o verdadeiro tesouro e magia da vida.

Considerações finais

Considero que, para vivermos uma vida de bem-estar e felicidade, precisamos também construir relacionamentos interpessoais saudáveis e positivos, semeando o perdão e a gratidão como forma de criarmos conexões assertivas com outras pessoas. Semear positividade nas relações interpessoais requer trabalhar primeiramente o autoconhecimento de forma que floresça uma pessoa plena, positiva e que tenha orgulho de sua história.

Semear positividade é desenvolver a atitude mental positiva, entendendo que, na vida, às vezes a gente ganha e outras a gente aprende. É enxergar o outro por meio da positividade e um olhar nas virtudes e não nos defeitos.

Semear positividade nas relações interpessoais é praticar a humildade plena, o poder do perdão e a magia da gratidão, pois priorizaremos fazer o bem ao próximo e a construção de um mundo melhor e mais humanizado. E lembre-se: é dando que se recebe e é perdoando que se é perdoado. Uma vida plena de positividade e bem-estar a todos vocês... *Viva La Vida...*

Referências

ACHOR, Shawn. *O jeito Harvard de ser feliz: o curso mais concorrido de uma das melhores universidades do mundo*. São Paulo: Benvirá, 2012.

CARNEGIE, Dale. *Como fazer amigos & influenciar pessoas*. 53.ed. São Paulo: Companhia Editora Nacional, 2012.

CHOPRA, Deepak. *Poder, gracia y libertad: la fuente de la felicidad permanente*. Buenos Aires: Gaia, 2015.

GOLEMAN, Daniel. *Inteligência emocional: a teoria revolucionária que redefine o que é ser inteligente*. São Paulo: Objetiva, 2005.

HILL, Napoleon. *A escada o triunfo*. Porto Alegre: CDG, 2016.

HILL, Napoleon; STONE, W. C. *Atitude mental positiva*. Porto Alegre: CDG, 2015.

MARQUES, José R. *Coaching positivo: psicologia positiva aplicada ao coaching*. Goiânia: IBC, 2015.

ROBBINS, Anthony. *Desperte seu gigante interior: como assumir o controle de tudo em sua vida*. 31.ed. Rio de Janeiro: Best Seller, 2017.

SAMORA, Guilherme. *Francisco: a biografia*. Rio de Janeiro: Globo Livros, 2018.

SELIGMAN, Martin F.P. *Felicidade autêntica: usando a nova Psicologia Positiva para realização permanente*. Rio de Janeiro: Objetiva, 2010.

12

LIDERANÇA QUE ENCANTA

Neste capítulo, iremos abordar as principais características do líder que encanta e a importância de saber administrar as pessoas como elas são, respeitando a individualidade de cada um.

JAQUES GRINBERG

Jaques Grinberg

É consultor de empresas e palestrante especialista em liderança comercial, vendas e marketing. MBA em Marketing pela Fundace-USP, curso de Gestão de Pessoas pelo IBMEC, Coaching pela Sociedade Brasileira de Coaching (SBC), Formação Internacional em PNL pelo Ideah, Formação Profissional em Hipnose Clínica pelo IBFH, Teatro Executivo na Faap, Técnicas de Negociação no Dale Carnegie entre outros diversos cursos. Conhece, na prática, as dificuldades de vender, é empresário e vivencia as dificuldades no dia a dia. É conhecido nacionalmente por diversos artigos e matérias nos principais jornais, rádios e TV do país; foi capa da revista Exame PME edição 40, participou como convidado do programa PEGN, da Globo, e é caso de sucesso no site Sociedade de Negócios do banco Bradesco. Autor do *bestseller 84 perguntas que vendem* e autor e coautor em mais de 20 livros nas áreas de liderança, *coaching*, vendas e empreendedorismo.

Contatos
www.jaquesgrinberg.com.br
www.queroresultados.com.br
11 96217-1818

O primeiro passo, antes de encantar, é entender que todo líder lidera um grupo de pessoas. A liderança pode ser tanto no âmbito profissional quanto pessoal e as características são inúmeras, mas a principal é saber administrar pessoas como elas são, cada uma com a sua personalidade.

Além de administrar pessoas ou grupo de pessoas, o líder também é responsável, no âmbito profissional, por orientar seus liderados a alcançarem as metas, cumprirem prazos e acompanhar todos os trabalhos executados avaliando-os ao final.

As principais características do líder que encanta são:

1º Gostar de pessoas: impossível liderar sem gostar de se relacionar com pessoas. A liderança é, de uma forma direta, potencializar o relacionamento interpessoal.

2º *Feedback:* a arte de dar e receber *feedback* é um desafio para todos, inclusive para os líderes. Principalmente receber; é preciso entender que receber é tão importante quando dar *feedback* aos seus liderados. Para qualquer tipo de relacionamento dar certo, é preciso comunicação; e a própria palavra já diz, **com**unic**ação** (com ação). Um líder sem ação ou sem comunicação com os seus liderados não é um líder.

3º Delegar: conhecer e estimular a capacidade de cada um dos seus liderados é tão importante quanto ter o melhor time do país. Do que adianta ter os melhores liderados se o líder não confia e faz tudo sozinho. Ao delegar, orientar, acompanhar e avaliar, o líder estará preparando o liderado para ser ainda melhor e esse é o objetivo.

4º Culpa: dentro de um grupo, o líder assume a culpa perante terceiros e, dentro da sua empresa, resolve os problemas internos. Impossível ser um líder que encanta culpando seus liderados. Se alguém erra, a culpa é de quem estava supervisionando e deixou o erro acontecer.

5º Ser exemplo: liderar pelo exemplo é o melhor caminho e também o mais rápido para gerar confiança em sua equipe. Para liderar pelo exemplo, é preciso conhecer e manter-se atualizado sobre as operações da empresa, concorrentes, mercado e novidades.

6º Mão na massa: acredite, falar menos e fazer mais também é uma das características importantes do líder. Mas mais importante do que fazer, é saber o que deve ser feito. Delegar o que pode ser delegado e fazer apenas o que não pode ser delegado.

7º Escuta ativa: diferente do *feedback,* saber escutar e compreender as informações que o outro quer dizer faz do líder normal um líder que encanta. As pessoas gostam de pessoas que nos ouvem e entendem o que estamos falando. É o famoso *rapport*.

8º Aprender: todo líder quer render e poucos querem aprender. Continuar estudando e não parar nunca é fundamental para o sucesso na liderança. Para render é preciso ap**render**! Criar o hábito de ler, participar de palestras e cursos, trazem novos conhecimentos para serem compartilhados com seus liderados.

9º Empoderamento: acreditar no seu potencial e capacidade de motivar e orientar seus liderados é importante para gerar confiança e construir um time de alta *performance.* Todos precisam perceber e conhecer sua capacidade e autoconfiança para enfrentar os desafios e defender, sempre que for necessário, os seus liderados.

10º Carisma: parece uma característica boba, mas lembre-se que as pessoas gostam de pessoas que elas admiram. Ser um líder que encanta é ter liderados que falam bem das suas qualidades na sua frente e para outros.

Das 10 características acima, quais as duas que, na sua opinião, você se destaca de forma positiva? Que você consegue demonstrar para os outros.

_____
_____
_____

Das 10 características acima, quais as duas que, na sua opinião, você pode melhorar?

_____
_____
_____

Das duas características que você pode melhorar, o que você precisa fazer para melhorar?

_____
_____
_____

Na sua opinião, como você se vê como um líder que encanta?

_____
_____

Na sua opinião, como os outros o enxergam como um líder que encanta?

_____
_____
_____

Por qual motivo você deseja ser um líder que encanta?

_____
_____
_____

Quais outras características, além das 10 citadas acima, na sua opinião, são importantes para um líder que encanta?

_____
_____
_____

Difícil mudar? Sim, a resistência para mudanças é mais comum do que imaginamos. Quando falamos em mudanças, conhecer o termo *mindset* é entender a importância das mudanças.

Mindset é o como nós compreendemos e avaliamos ou julgamos o que acontece em nossa vida. É a soma de ideias, valores e crenças de uma pessoa que gera decisões e atitudes. Existem dois tipos de mentalidades distintas: a fixa e a progressiva. A fixa é o tipo que acredita que não pode mudar, que dons e determinadas capacidades não se aprendem. Quem tem mentalidade fixa, possui uma tendência em ter pensamentos negativos, tanto no âmbito pessoal como profissional. Já as pessoas com mentalidade progressiva acreditam que seus dons e determinadas capacidades podem ser desenvolvidos. Geralmente, quem tem mentalidade progressiva transforma desafios (dificuldades ou problemas) em oportunidades.

Mindset fixo

As pessoas que aceitam as condições impostas pela vida ou por terceiros, sem reclamar e sem buscar novas alternativas, têm *mindset* fixo. Pode parecer estranho, mas faz parte desse grupo a maior parte da população. São pessoas que acreditam que não podem desenvolver novos conhecimentos e habilidades. "Aprender um novo idioma ou fazer uma pós-graduação para quê? Mudar de emprego, ter que fazer novas amizades e ir para um ambiente diferente? Fico onde estou. Com o que eu ganho, pago as contas, não sobra nada, mas a vida é assim mesmo".

Mindset progressivo

Esse é um outro grupo, com muitas pessoas que buscam crescimento e mudanças. O *mindset* progressivo também é conhecido como *mindset* de crescimento, de pessoas que sabem da importância do desenvolvimento pessoal, do conhecimento, de buscar novos talentos e do otimismo. Pense naquele amigo que está sempre feliz e topa tudo; quando acaba o carvão no churrasco, ele é o primeiro a se oferecer para ir comprar mais. Sem reclamar, o objetivo dele é resolver os problemas. E aquele outro amigo, que está desempregado ou ganhando um salário baixo, e quando você pergunta como ele está, ele responde que está ótimo e em busca de novidades.

Independente do seu perfil, fixo ou progressivo, todos possuem um pouco de ambos. Na liderança, sabemos que o relacionamento sincero, o bom humor, a automotivação e a aceitação de mudanças constantes são importantes. Algumas dicas de como potencializar esses hábitos e fazer com que eles se tornem parte do seu dia a dia são:

1ª *Seja sempre você!*

Temos referências de pessoas que gostaríamos de ser, que buscamos ser iguais ou parecidos. Ninguém nasce igual, somos únicos. As crianças são espontâneas e sinceras, são simplesmente elas. Crescemos e deixamos de praticar a criatividade e de manter uma mente aberta para descobrir coisas novas. A sociedade reprime a evolução das pessoas e buscamos ser as pessoas que são consideradas "perfeitas", não para nós, para a sociedade. Pense nisso! Seja simplesmente você!

Dica para fazer todos os dias e mudar o seu hábito: o seu sucesso e o seu carisma só dependem das suas atitudes. Todos os dias, pense em algo positivo a seu respeito, crie o hábito de fazer autoelogios.

2ª *Seja honesto!*

Independentemente das nossas necessidades e da sociedade, seja sempre honesto. Se for para elogiar, elogie em público. Se for criticar, critique em particular e sempre de forma construtiva. Tanto na vida pessoal como na profissional, ser honesto é ser honesto. Não existe ser honesto com a família e ser desonesto na empresa, mesmo nas pequenas ações como, por exemplo, um atestado médico falso ou uma pequena mentira justificando o atraso. Dentro dessa dica, manter contato com as pessoas mesmo quando não precisamos delas é demonstrar que gostamos e queremos elas por perto. É uma amizade honesta e, no trabalho, é fidelizar o cliente também com honestidade.

Dica para fazer todos os dias e mudar o seu hábito: faça elogios honestos e sinceros, nunca com exagero, e de forma moderada.

3ª *Sorria e contagie!*

As pessoas gostam de pessoas alegres. Sorria sempre, contagie as pessoas com o seu sorriso. Receba as pessoas, em casa ou no trabalho, com um sorriso sincero. Você irá surpreender-se com o resultado.

Dica para fazer todos os dias e mudar o seu hábito: não critique, não condene e não se queixe.

4ª *Estude!*

Independente da sua profissão, estude e leia de tudo. Se não estiver trabalhando no momento, estude também e leia de tudo. Precisamos comparar os nossos resultados com o que fomos ontem e não com os colegas ou terceiros. As comparações justas são quando comparamos duas coisas iguais ou com as mesmas condições. Se somos únicos, com diferenciais únicos, não podemos ser comparados com outros. Por este motivo, busque ser melhor do que você foi ontem. Estudar é a dica para evoluir sempre, pode ser cansativo para alguns, mas é como fazer uma academia: no início é difícil, mas, com a rotina, virá uma satisfação enorme. Comece estudando assuntos do seu interesse e livros fáceis, seja persistente e comprometido. Estudar é o seu melhor investimento.

Dica para fazer todos os dias e mudar o seu hábito: separe no mínimo 20 minutos por dia para aprender algo novo.

5ª *Tenha mente aberta.*

Manter a mente aberta para aceitar mudanças e novidades são ações importantes para quem deseja ser feliz. Muitos sofrem de ansiedade ou medo de algo que ainda não aconteceu. Geralmente, são pessoas que não aceitam mudanças. Quando surge uma mudança, primeiro pensam nas desvantagens. As pessoas com mente aberta já pensam nas vantagens. Mantenha a mente aberta e tenha pensamentos positivos.

Dica para fazer todos os dias e mudar o seu hábito: falar dos nossos próprios erros, ao invés de culpar os outros, é uma ótima lição diária.

6ª *Aprenda com as críticas.*

Ouvir críticas é muito difícil, mas importante para evoluirmos. Ao ouvir uma crítica, escute, guarde as informações e só depois avalie o que pode ajudá-lo na sua evolução pessoal e profissional. Transformar a crítica em uma discussão, é perder a oportunidade de ouvir com atenção e aprender. A maior dificuldade em ouvir uma crítica, é ouvir algo negativo sobre nós – ninguém gosta! Mas entender como as pessoas acham que somos é muito importante. Ouça e aprenda com as críticas!

Dica para fazer todos os dias e mudar o seu hábito: respeite a opinião dos outros, não diga que o outro está errado. Ele deve ter um motivo para acreditar no que pensa. Treinar diariamente o hábito para compreender os outros é tornar-se um líder que encanta.

7ª *O resultado é mais importante.*

O resultado é mais importante do que o mérito de quem fez. O líder fica feliz quando os seus liderados conquistam seus objetivos e metas, não importa de quem foi a ideia e quem planejou.

Dica para fazer todos os dias e mudar o seu hábito: deixe as outras pessoas acreditarem que a ideia é delas.

Dos hábitos acima, quais você já faz diariamente?
_____
_____
_____

Dos hábitos acima, qual você já faz, mas pode potencializar ainda mais os resultados?
_____
_____
_____

Dos hábitos acima, qual você ainda não faz?
_____
_____
_____

Dos hábitos que você ainda não faz, o que você pode fazer hoje para coloca-los em prática?
___
___
___

Qual a sua maior dificuldade em aceitar mudanças?
___
___
___

Qual a sua opinião sobre a afirmação "mude antes que seja preciso mudar"?
___
___

13

O NOVO SENTIDO DO TRABALHO: DESAFIOS DA LIDERANÇA NA MIGRAÇÃO PARA UMA CULTURA ÁGIL

Neste capítulo vamos explorar a evolução histórica dos modelos de gestão, cultura e liderança, os impactos do processo evolutivo nas organizações ao longo do tempo e as necessidades de mudança para o novo mundo do trabalho, considerando os desafios impostos pelo novo modelo mental digital e escalável. Vamos concluir com um modelo prático, adaptável a qualquer tamanho de empresa de qualquer segmento.

KATIA ZUFFO

Katia Zuffo

Psicóloga com pós-graduação em Consultoria Interna de Recursos Humanos e *coach* certificada pelo Integrated Coaching Institute, reconhecida pela International Coaching Federation. Após 20 anos atuando em posições de liderança em Recursos Humanos, Administração e Finanças em organizações nacionais e multinacionais de diversos setores como Farmacêutico, Comércio Exterior, Educação, Moda e Recursos Humanos, decidi deixar a carreira executiva para empreender e, desde 2018, sou Sócia Sênior da Manar Capital Humano. Minha *expertise* está centrada em alinhar o planejamento estratégico à implementação das melhores ferramentas de gestão de pessoas do mercado, com base na cultura, ambiente e expectativas dos empresários ou membros do conselho. Com o propósito de apoiar o desenvolvimento profissional e humano no mundo corporativo, atuo como voluntária em diferentes instituições, compartilhando conhecimento e boas práticas de RH, gestão e liderança.

Contatos
katia.zuffo@uol.com.br
LinkedIn: www.linkedin.com/in/katiazuffo/
11 98187-2127

Contextualizando...

No novo mundo do trabalho, a hierarquia é um conceito fluido. As empresas de gestão mais modernas, em geral, têm menos níveis de liderança com forte atuação no desenvolvimento de seus times. A gestão por projetos é frequentemente associada a esse modelo, onde o líder é escolhido por seu conhecimento e habilidades técnicas, essenciais a obtenção de resultados, e o time é composto por profissionais de diferentes áreas (e gestores). Nesse cenário, não há espaço para uma gestão por comando e controle; as relações são regidas pela confiança.

Entretanto, apesar da velocidade crescente das mudanças, a transição é lenta para a maioria das pessoas. Muitas empresas, de diversos tamanhos, nacionalidades, estruturas, convivem com esse modelo de gestão, mesmo tendo "implementado" grandes inovações, investido fortunas em tecnologia, treinamentos e reestruturações.

Como em todo processo evolutivo, esse modelo foi fundamental para entendermos melhor os negócios, as pessoas e suas dificuldades. É como a lagarta que um dia se transformará em borboleta, mas, se na tentativa de facilitar o processo, a ajudarmos a sair do casulo, nunca voará!

As etapas vividas até aqui colocam, em nossa bagagem, material suficiente para nos darmos ao luxo de experimentar, errar e corrigir rotas rapidamente. Elas nos dão a oportunidade de começar algo novo, do zero, questionando processos, enquanto antigos padrões mantêm-se funcionais e operando. No contraponto, mais uma vez, vivemos uma cultura enraizada de baixa tolerância ao erro, reforçando o conceito do custo quando se deveria estabelecer o do investimento, seja de capital, seja de tempo.

Afinal, qual é a peça-chave para que o processo evolutivo se conclua senão o ser humano? É ele quem determina como irá reagir a tudo isso. Suas atitudes sentenciam o futuro de todas essas iniciativas das organizações ou, no mínimo, o seu próprio. Em outras palavras, se irá ou não se manter empregável neste novo mundo do trabalho.

Em inúmeras experiências, tanto na carreira executiva como na posição de empreendedora, pude constatar que a gestão da cultura é o caminho que traz os melhores resultados, seja qual for o cenário, objetivos ou estratégias.

Para entendermos o novo sentido do trabalho é essencial revermos sua evolução por meio dos fenômenos chamados Revoluções Industriais...

Em meados do século XVIII, inicia-se a primeira revolução industrial, motivada pela invenção das máquinas a vapor e sua ampla aplicação na indústria têxtil e transporte ferroviário. O trabalhador, que até então era artesão, não consegue competir com a produção em larga escala e, para prover o sustento de sua família, passa a trabalhar nas linhas de produção.

A produção em escala e a facilidade de locomoção para regiões mais distantes trouxeram grandes modificações para a economia e a sociedade, tornando-as mais complexas, demandando quantidades cada vez maiores de insumos agrícolas e minerais e levando à exploração de muitos povos, especialmente os africanos.

O mercado, antes mais fechado, com relações individualizadas, torna-se mais aberto e flexível, oferecendo maior variedade de mercadorias, mais possibilidades de emprego em maior variedade de profissões, acelerando o crescimento das empresas e das cidades onde estão sediadas. O campo conheceu um processo de mecanização. Foram estruturadas ferrovias, que aumentaram a capacidade de circulação de mercadorias e pessoas, além de terem agilizado o transporte. A necessidade por matérias-primas agrícolas e minerais ampliou-se significativamente e, em decorrência disso, muitos povos foram explorados, sobretudo no continente africano.

Tipo de liderança: comando e controle com forte exploração da mão de obra

No início do século seguinte, vivemos a Segunda Revolução Industrial. Com a descoberta da energia elétrica, mais fábricas desenvolveram-se e um novo processo de produção passa a ter lugar com as linhas de montagem. Aqui, o trabalho mecânico que imitava o manual dá lugar ao processo em que as pessoas participam como especialistas em diferentes etapas. Vemos a alienação do trabalhador, que não enxerga mais o todo, apenas a sua parte. Isso agregou maior agilidade e menor custo de produção.

Tipo de liderança: comando e controle com treinamento de especialistas, visão parcial do empregado

No final do século XX, a partir dos anos 1970, com a invenção dos computadores, vemos a Terceira Revolução Industrial trazendo a automação dos processos realizados pelas máquinas e drástica redução da necessidade de mão de obra para sua operação. A necessidade de qualificação aumenta e somente os que possuem uma visão mais geral do processo mantêm-se empregados para operar os sistemas. A intervenção humana é muito baixa, apenas acompanhando o funcionamento das máquinas e fazendo pequenos ajustes se necessário.

Tipo de liderança: comando e controle com retomada da visão sistêmica dos processos

Até aqui todos os sistemas projetavam que não podíamos errar. Foi preciso quebrar esse paradigma para viabilizar a criatividade! Na Quarta Revolução Industrial, a rapidez com que as mudanças ocorrem é cada vez maior. O modelo das grandes corporações começa a ser questionado por empreendedores que, no lugar de fazer adaptações para obter melhores resultados, constroem novos negócios baseados na cultura de rede, com grande interdependência e começam a ampliar sua presença global de forma mais rápida e digital. Eles apostam em novas formas de entrega dos produtos e serviços desejados pelo público. Mais uma vez, o número de postos de trabalho formal vai sendo reduzido, dando lugar ao trabalho individual em rede!

Nesse cenário, as máquinas conectam-se umas às outras, trocando e processando informações relevantes a todos os negócios que se ajudam e complementam-se, em que a produção é praticamente autônoma. É a Era da Informação que independe de ação humana.

O novo mundo do trabalho não dá lugar à acomodação, estabilidade e conformidade. Ele exige uma inquietação; uma busca por propósito e as pessoas que, por qualquer motivo, não realizem mudanças em seu modelo mental, podem não sobreviver profissionalmente.

Tipo de liderança: liderança pelo exemplo, engajamento a valores e propósito da organização ou projeto

A evolução da gestão de pessoas só se concretiza com a evolução das pessoas!

O trabalho sempre fez parte da vida humana para atender às suas necessidades básicas, começando pela caça e o extrativismo, evoluindo para a atividade agrícola e pecuária. Da mesma forma, a liderança sempre fez parte da vida em sociedade, pela força, pela influência, pela reserva de recursos, dentre tantas outras formas, como nas disputas, combates...

A gestão da cultura é uma ferramenta muito eficaz para engajar pessoas a desenvolverem-se, produzirem e serem mais felizes.

> *Se você não desenvolver a cultura de sua organização, ela se desenvolverá sozinha... e se isto acontecer, você estará assumindo um risco.*
>
> Monique Winston

Assim como o ser humano tem sua essência, formada por valores, atitudes e propósito expressos em seu comportamento, as organizações têm sua identidade, a cultura organizacional, expressa pelos padrões de comportamento incentivados ou permitidos pela liderança, valores, normas, métodos e processos.

A cultura é um sistema simbólico e vivo, que evolui e tem características dos líderes que passaram e dos que se encontram na organização. Ela se expressa por seus hábitos e crenças, pela maneira como faz seus negócios, trata seus clientes, fornecedores, parceiros e funcionários. Ela é o espelho do que seus líderes fazem, não do que falam. É o reflexo das atitudes foco da organização e, além de sofrer mudanças, quando necessário, essa política cultural precisa ser clara e divulgada adequadamente; caso contrário, tornar-se-á um obstáculo para o desenvolvimento do negócio. *A Cultura Organizacional deve ser forte e sua manutenção responsabilidade de todos.*

De onde vem a cultura ágil?

Em fevereiro de 2001, um grupo inicial de 17 metodologistas formou a Agile Software Development Alliance, comumente conhecida como Agile Alliance, para enfrentar os desafios dos desenvolvedores de *software*. Vindos de diferentes origens, porém com um objetivo comum, conseguiram chegar a um acordo sobre questões que os metodologistas geralmente discordam. Eles criaram um manifesto para incentivar melhores maneiras de desenvolver *software*. O Manifesto Ágil é uma declaração de princípios baseada em quatro valores:

- Os indivíduos e suas interações acima de procedimentos e ferramentas.

- O funcionamento do *software* acima de documentação abrangente.
- A colaboração com o cliente acima de negociação e contrato.
- A capacidade de resposta a mudanças acima de um plano preestabelecido.

Várias ferramentas, utilizadas até então somente na produção industrial, foram aplicadas para tornar possível a mudança de cultura das áreas de desenvolvimento e projetos. As principais são Kanban (na década de 1960), Lean (início da década de 1980), Scrum (início da década de 1990) e XP - Extreme Programming (final da década de 1990) e podem ser utilizadas individualmente ou combinadas.

As principais diferenças entre os métodos ágeis e os tradicionais são:

Método ágil	Método tradicional
Decide-se apenas o básico para iniciar o projeto.	Planejamento integral do projeto antes de seu início.
Várias tarefas são realizadas simultaneamente, cada equipe focada em uma entrega.	O projeto é realizado em etapas, na sequência definida no planejamento.
O cliente recebe e valida pequenas entregas ao longo da execução do projeto.	Entrega de uma única vez ao final do projeto.
Permite o alinhamento de expectativas e ajustes de rota no decorrer do processo, proporcionando uma entrega que atenda às suas necessidades.	A entrega final geralmente não atende a todas às necessidades do cliente.

Minha adaptação dos princípios do desenvolvimento ágil à gestão organizacional:

1. Garantir a satisfação do cliente, entregando, rápida e continuamente, processos e produtos funcionais no menor intervalo possível.
2. Até mesmo mudanças tardias de escopo no projeto são bem-vindas.
3. Cooperação constante entre as pessoas que entendem do 'negócio' e as áreas corporativas da organização, devendo existir uma relação de confiança.
4. A melhor forma de transmissão de informação entre os participantes do projeto é por meio da conversa presencial.
5. Processos e produtos funcionais são a principal medida de progresso do projeto e devem manter um ritmo de entrega até a conclusão do projeto.
6. *Design* do projeto/processo deve prezar pela excelência técnica.
7. Simplicidade.
8. As melhores arquiteturas, requisitos e *designs* emergem de equipes autogeridas.
9. Em intervalos regulares, a equipe reflete sobre como se tornar mais eficaz e, então, refina e ajusta seu comportamento.

Qual a realidade de uma empresa com a cultura da revolução 4.0 e ágil?

Possui uma liderança pautada no exemplo, engajamento a valores e propósito da organização, onde autonomia e responsabilidade são valorizadas e incentivadas. A Gestão Ágil é uma abordagem leve com baixa intervenção da gestão, na qual o projeto é dividido em etapas que geralmente duram de 1 a 4 semanas. Ao final de cada uma delas, há uma reavaliação das prioridades do projeto e possível ajuste na que virá a seguir, garantindo aumento de qualidade na perspectiva do cliente. A gestão do projeto fica mais fácil e dinâmica.

Dentre as alternativas para construção de uma nova cultura, a experiência que me trouxe resultados mais expressivos e de longo prazo é baseada nos valores da organização. Passos para implantação da gestão de cultura ágil:

1. Alinhamento de missão, visão, valores, propósito e estratégias da organização com os valores do Manifesto Ágil.
2. Reuniões de diagnóstico com os executivos, primeira e segunda linhas de liderança e eventuais profissionais de referência técnica, especialistas, formadores de opinião e amostras dos demais níveis, consolidação dos resultados e análise dos pontos de melhoria identificados.
3. Construção da matriz de viabilidade com ações de curto, médio e longo prazos, juntamente com RH, gestores e direção e comunicação dos resultados e planos de ação aos colaboradores.
4. Elaboração e execução dos planos de ação, juntamente com a equipe interna, contemplando reuniões de sensibilização, vivências, treinamentos e outros recursos, utilizando as ferramentas consolidadas no modelo ágil que melhor se encaixem na matriz definida no item 3.
5. Avaliação e workshop de conclusão do ciclo com todos os colaboradores.

Pontos de reflexão para transformar sua gestão:
- Desenvolva a habilidade de apresentar os resultados que serão obtidos, ou seja, o que a mudança trará de retorno financeiro, qualidade e simplificação nos processos. O empresário/executivo precisa visualizar vantagens e desvantagens de forma realista para tomar suas decisões.
- Como sua empresa está neste cenário?
- O que você está fazendo para mudar a realidade de sua empresa?
- Como você pode sensibilizar os tomadores de decisão para uma mudança de cultura dentro do negócio?

14

MOTIVAÇÃO PARA VENCER

Neste capítulo abordamos a importância da motivação para vencer os obstáculos que a vida nos traz e encontrarmos o nosso porquê para agir. Falamos sobre como podemos decidir qual rota iremos traçar nesta incrível jornada chamada VIDA.

LUNA NOVAIS

Luna Novais

É palestrante, treinadora e mentora de negócios. Administradora de Empresas com formação em Gestão Comercial e especializações em Professional Coaching, Coaching de Carreira, Alta Performance, Analista Comportamental, Analista de Treinamento, Vendas e Liderança. É empresária com mais de 18 anos de sólida vivência nas áreas de vendas e marketing em empresas comerciais, tendo participação ativa na implantação e gestão de equipes comerciais em empresas familiares de pequeno e médio porte.

Contatos
www.lunanovais.com.br
contato@lunanovais.com.br
63 99238-8373

Tudo começa pelo porquê. Por que você trabalha onde trabalha? Por que você mora onde mora? Por que você faz o que faz? Qual é o seu "porquê" na vida? A resposta para esses porquês mostra o caminho que você deve seguir para alcançar seus objetivos.

Falar de motivação é falar do seu **motivo** para **ação!** É falar do seu porquê! Então eu convido você, agora, a refletir sobre qual é o seu motivo.

O que é que faz você acordar todo dia e fazer o que faz?

O que te move? E o que te paralisa? É importante, também, pensar nisso.

Existem 2 tipos de motivação: a intrínseca e a extrínseca. Intrínseca é justamente sua motivação interna; são os seus porquês; é a força interior que faz você manter-se ativo mesmo diante das adversidades. Ela independe do ambiente, das situações ou das mudanças. São, portanto, seus desejos de realização!

Já a motivação extrínseca ou externa refere-se ao ambiente e fatores externos. Pode ser algo como premiações, bônus, reconhecimento. Enfim, é algo que lhe estimula, mas nunca será mais forte do que sua vontade interior de fazer acontecer.

Então qual é seu sonho? Ou, melhor, onde você quer chegar enquanto pessoa, líder, funcionário, empresa? E se você tem clareza de onde quer chegar, como tem sido seus passos? Se sua vida fosse um avião, que lugar você estaria ocupando: o de piloto, copiloto, tripulação ou passageiro?

Houve um tempo em minha vida em que me senti como se estivesse num barco à deriva: sem rumo, sem sonhos e sem expectativas. Havia perdido minha força e determinação. Na verdade, não enxergava algo que fizesse brilhar meus olhos. Vivia dividida entre o prazer de ser mãe e a culpa por me afastar de meu filho para trabalhar.

Foram vários anos vivendo o sonho dos outros e fazendo apenas aquilo que determinavam que eu vivesse e isso não era culpa de ninguém senão minha. Mas como tudo na vida passa, busquei ajuda e, ao procurar por mais desenvolvimento pessoal, acabei por encontrar-me e descobrir um novo propósito que era basicamente me transformar e ajudar outras pessoas a reencontrarem-se e transformarem-se também.

Foi nesse tempo que redescobri antigos talentos, desenvolvi novas competências e habilidades e tomei como missão "despertar e desenvolver talentos para potencializar resultados, transformando a vida de pessoas e empresas".

Este é um caminho cuja jornada ainda não teve fim e onde muitos obstáculos surgiram, foram superados e ainda surgirão, com certeza. Mas como li no livro *O maior vendedor do mundo* de Og Mandino, "o fracasso jamais me surpreenderá se minha decisão de vencer for suficientemente forte". E acredito que assim também possa ser para você.

Então reflita agora sobre seu estado atual e sobre como gostaria que fosse. No que difere um estado do outro? Qual a diferença da vida que você tem para a que você gostaria de ter? A mudança só depende do quanto você está disposto a investir (tempo, dinheiro etc.) para chegar aonde deseja. Sua vida depende de suas escolhas e suas escolhas determinam seus resultados. É você quem deve assumir o controle desse avião chamado vida e levá-lo para onde você quer. Qual o seu destino?

Já parou para pensar nos obstáculos que terá que enfrentar para chegar lá? Quais são esses obstáculos? Talvez, quem sabe, seja sua falta de clareza, falta de disciplina, foco ou mesmo dinheiro. Pode ser que sejam seus pensamentos paralisantes que irão impedi-lo de permanecer na jornada.

Então, que estratégias você utilizará para se manter na rota? Que mudanças você irá promover em seus hábitos para que sua caminhada seja mais leve e assertiva?

Que tal começar listando suas potencialidades e analisando cada um desses pontos que lhe favoreçam, bem como aqueles em que precisa melhorar? Conhecer nossos talentos e descobrir também aquilo em que não somos tão bons pode ser uma boa estratégia para começar a agir. Seus resultados dependerão de suas ações. Logo, você tem o poder de escolher o seu destino!

Acredite, desenvolva-se e chegue onde deseja chegar!

Reflita. Suas ações atuais estão aproximando ou distanciando você daquilo que deseja conquistar? Como você tem gerido sua vida, carreira e equipes? Será que você tem sido um colaborador ou líder servidor? Uma pessoa que inspira, que sabe ouvir, que olha nos olhos das pessoas e que percebe a necessidade de cada uma delas? Uma pessoa que se automotiva e motiva seus pares?

Tem sido bom companheiro de trabalho? Profissional de excelência em atendimento de clientes internos e externos? Profissional que sabe onde quer chegar e que é capaz de fazer, da melhor maneira, o que for preciso para realizar seus sonhos e ajudar pessoas a realizarem os delas?

A decisão é sua! Você escolhe crescer como profissional e fazer sua empresa também passar para outro nível ou ficar preso às suas convicções na zona de conforto, fazendo mais do mesmo e sendo apenas mais um na multidão?

E quanto à sua empresa, será que você tem vivido o sonho da sua empresa? Aliás, você sabe qual é a missão e a visão da empresa em que você trabalha ou que você mesmo criou? Você sabe qual é o propósito dessa empresa?

Você que é líder, conhece os sonhos de seus liderados? O que falta para que esses sonhos sejam realizados? E quanto a você mesmo, tem clareza de seus próprios desejos? Será que você tem contribuído verdadeiramente para estas realizações? Ou será que você tem apenas realizado suas tarefas?

Será que o pensamento de empresas, líderes e funcionários estão alinhados? Será que os valores da empresa estão se conectando com seus próprios valores? Você consegue entender e concordar com a filosofia de sua empresa?

Qual é o seu nível de satisfação no seu trabalho e com seu desempenho? De 0 a 10, que nota você mesmo daria para seu desempenho hoje? É muito importante pensar nisso por que isso impacta diretamente na sua motivação. E os seus resultados vão depender em muito da clareza que você tem quanto ao que você é, ao que você faz, ao que você tem e, principalmente, sobre o que você deseja.

Faz sentido para você? Você deve focar no presente para desenhar o futuro. Não é sobre ter; é sobre ser! Ser o melhor vendedor, profissional, gestor, pessoa. Ser o melhor de você!

Mas para isso você precisará mudar sua forma de pensar e agir. Afinal, seus pensamentos geram seus sentimentos, que geram suas ações, que geram seus hábitos, que geram seus resultados. Estes podem ser positivos ou negativos. Tudo vai depender de suas escolhas e não há escolha certa ou errada. O que há são consequências para cada uma delas.

Muitas vezes, para conseguirmos o que queremos, devemos deixar o hábito de sermos nós mesmos e passarmos a ser quem queremos ou devemos ser para que possamos, de fato, sentirmo-nos realizados.

Então eu convido você novamente a refletir: os seus hábitos atuais estão lhe aproximando ou distanciando de seus objetivos? Pense, como você tem agido como funcionário, como gestor, como parceiro, líder de sua equipe, líder de sua casa, da sua comunidade?

Você tem agido como um líder que inspira, que motiva e que transforma? Ou será que você tem cumprido tabela no melhor estilo Zeca Pagodinho (deixa a vida me levar)?

O poder de sua vida está em suas mãos! Você deve agarrá-lo e criar estratégias para chegar cada vez mais longe. Quem quer ir rápido vai sozinho, mas quem quer ir longe vai acompanhado. Acompanhado de sua equipe e/ou de sua família, de mãos dadas, levando sua empresa para o topo e você chegando ao topo com ela, porque você quer, você pode, você consegue e você merece estar lá! Acredite, pois, se você quer, você pode!

Saiba que, antes de chegar ao topo, você levará muitos tombos e crescer dói e dói muito! E nem sempre estamos dispostos a sentir essa dor, porque gostamos de conforto e comodidade.

Muitas vezes esperamos do outro o resultado que deveria ser nosso e pouco agimos para que alcancemos esse resultado. E, se ele não vem como esperado, a culpa é sempre do outro.

Então está na hora de parar, de pensar, de tomar as rédeas de sua vida e perguntar-se: quem eu sou? Eu sou o que sou ou o que dizem que sou? E se eu não sou quem eu quero ser, o que eu posso fazer para ser quem eu desejo? O que eu tenho que fazer de novo? O que eu tenho que mudar nas minhas atitudes para poder chegar lá?

Muitas reflexões até aqui e eu espero que elas tenham feito sentido para você. Tudo isso é para que você tenha mais clareza do seu porquê. Como diz o especialista e escritor Simon Sinek: "As pessoas não compram o que você faz. As pessoas não compram como você faz. As pessoas compram o porquê você faz".

Se você acredita verdadeiramente numa causa e faz disso o seu porquê as pessoas também acreditam em você. Então a hora é agora e o dia é hoje! Não seja mais do mesmo; não enxergue o cliente apenas como um número. Enxergue-o como alguém que também tem sonhos, desejos e necessidades e que precisa de sua orientação para realizar-se.

Conheça seu cliente. Chame-o pelo nome. Descubra seus gostos e explore isso! Ofereça o que de fato ele precisa, gosta ou deseja! Conecte-se com seu cliente! Tenha em mente seus objetivos de vida e lembre-se de que resultados são sempre gerados por pessoas. Conecte-se com você, com seu "porquê". Conecte-se bem com as pessoas ao seu redor, principalmente com aquelas que contribuirão ou apoiarão você na escalada do sucesso.

Preocupe-se em orientar e cuidar de seu cliente para que ele compre sempre mais de você! Cuide de sua imagem e comunicação. Faça-se presente na mente do cliente. Faça mais do que o esperado, por você, pela empresa e pelo cliente! Agregue valor ao seu produto e a você mesmo e acredite sempre em seu poder de realização. O fracasso é uma escolha e o sucesso é uma decisão! Decida ser mais!

Referência

MANDINO, O. *O maior vendedor do mundo*. São Paulo: Record, 2019.

15

LIDERANÇA ROCK N´ROLL

Um paralelo dos relatos entre o que acontece nas organizações e também no cenário rock n´roll, somados às minhas convicções, constituem a pauta deste capítulo. Espero que minhas experiências possam, de alguma maneira, agregar a tudo o que você já sabe sobre o tema. Da mesma forma que uma banda de rock pode mudar o mundo, uma boa liderança pode mudar a história das nossas vidas.

MARCELO GIMENES

Marcelo Gimenes

É empresário do ramo da tecnologia da informação, sócio-fundador das empresas Bios Computadores, Skynew Internet e G2Mobile. Tem formação em Marketing e Gestão Pública com MBA em Gestão Empresarial pela FGV. Atuante no terceiro setor, foi fundador e presidente da AEC – Associação de Assistência ao Hospital "Emílio Carlos" (2018-2021), além de membro do Lions Clube de Catanduva, onde foi presidente nos anos de (2001, 2008 e 2009). Músico guitarrista, compositor e cantor de rock n´roll, tocou em diversas bandas de rock. Seu primeiro trabalho foi como relojoeiro, profissão que aprendeu com seu pai. Logo após tornou-se programador de microcomputadores, passando a trabalhar na área. Fundou sua primeira empresa com 20 anos, a Bios Computadores, empresa que foi vencedora do prêmio MPE-BRASIL (2012)- organizado pelo SEBRAE-FNQ e GERDAU na categoria Serviços em T.I.- Etapa Nacional, concorrendo com 83 mil empresas em todo Brasil.

Contatos
marcelo@bios.com.br
linkedin.com/in/mgimenes

Quando decidi escrever sobre liderança, comecei a pensar o que nessa vida havia aprendido sobre o tema, e o que poderia contribuir com aqueles que buscam aprofundar-se a respeito. Junto com essas lembranças, vieram experiências, lugares e pessoas que foram muito importantes na minha trajetória.

As memórias vieram embaladas de belas canções e, então, aproveitei esse palco de recordações e de *beat* acelerado, tal é o estilo rock n´roll, para que possamos refletir juntos e descobrir como seria uma boa e velha liderança ao estilo rock n´roll!

Há lugares de que me lembro
Toda minha vida, apesar de algumas coisas terem mudado
Algumas para sempre, não para melhor
Algumas se foram e algumas permanecem.

Tradução da música *In My Life* – The Beatles – Capitol Albums

E o que o *rock n´roll* pode nos ensinar?

Fazendo um paralelo com fatos e histórias, vou elencar os que achei mais interessantes em 3 tópicos simples e arrebatadores, tal como um *rock* de 3 acordes, que se tornarão harmoniosos e sincronizados para cumprir a missão de passar a mensagem que busco transmitir. Vem comigo e vamos fazer uma gestão rock n´roll!!

O silêncio do verdadeiro líder - Paul e John

Paul McCartney e John Lennon, uma das duplas mais emblemáticas da história da música mundial, dispensam apresentações. Integrantes da banda *The Beatles*, juntos escreveram e publicaram cerca de 180 canções e colecionam milhões de fãs por todo o mundo. Se você perguntar para um desses fãs quem era o líder dos Beatles, a resposta em sua maioria será Jonh Lennon, pois, de fato, foi essa a mensagem passada pela banda.

John já havia liderado, na adolescência, a banda *The Quarrymen*, que teve posteriormente a entrada de Paul McCartney, e logo se transformou em uma das bandas mais conhecidas do planeta, mas com o nome de *The Beatles*. Muitas das músicas compostas com a banda ou mesmo na carreira solo levam sua marca pessoal, entre elas: "*Help*", "*In My Life*", "*Strawberry Fields Forever*"; além da

Marcelo Gimenes | 111

memorável *Imagine*, uma das músicas mais tocadas no século XX e que encoraja o ouvinte a imaginar um mundo em paz, sem fronteiras ou divisões de religiões e nacionalidades e a considerar a possibilidade de que o foco da humanidade deveria estar no desapego dos bens materiais.

Por essas e outras qualidades, além da personalidade marcante, e também do fato de ter sido o fundador, que todos os integrantes reconheciam John como seu líder. Mas, se você me perguntar o que eu acho, eu respondo: sem dúvida nenhuma, *The Beatles* tiveram dois grandes líderes, mas o principal foi **Paul McCartney**.

Assim como John, Paul também dispensa apresentações mas posso complementar com o que penso sobre ele. Além de cantor, era baixista da banda, mas o mundo sabe que ele tocava e toca muitos outros instrumentos: piano, violão, guitarra, ukulele, bateria, entre outros. Compositor de inúmeras canções, entre elas *Yesterday*, que é a canção mais regravada no mundo (mais de três mil vezes); nos dois primeiros anos após seu lançamento, ganhou mais de quinhentas versões diferentes pelos seis continentes.

Paul McCartney é um dos artistas mais simpáticos e atenciosos com os fãs que já se conheceu. Extremamente pontual em seus shows, tem o costume de conversar sempre com seus admiradores. Quando está em países cujo idioma desconhece, procura aprender algumas palavras da língua local para interagir com sua plateia. É um dos compositores mais bem-sucedidos de todos os tempos.

Uma característica que considero fundamental e que me fez chegar a essa convicção é que Paul tinha uma capacidade enorme para liderar a banda *The Beatles*, mas respeitou seu parceiro e, em toda sua carreira como membro da banda, **soube ser liderado**.

Parece simples o que estou dizendo, mas sabemos que, em uma organização, em uma banda de rock ou, até mesmo, em uma família, quando duas pessoas possuem personalidades fortes e características natas de liderança, uma delas precisa saber recuar. Já aconteceu de estar dirigindo seu carro, com um destino programado e seguindo o que manda o GPS, mas, ao seu lado, uma pessoa diz saber o caminho e o aconselha a sair da rota planejada?

Qual rota você deve escolher? Vou deixar por sua conta. Mas digo que, quando isso acontece comigo, levo em consideração muitos aspectos: um deles é a condição hormonal da pessoa, geralmente isso acontece com minha esposa (risos). Mas, brincadeiras à parte, digo que minha escolha depende de qual opção me fará chegar ao destino com menos conflitos possíveis.

O fato é que, em algum momento da vida, teremos que nos transformar, passando de líder a liderado e essa não é uma tarefa fácil. Em uma empresa onde os sócios possuem visões diferentes para assuntos nos quais ambos acreditam estar certos, é necessário que, em algum momento, um deles deixe suas convicções de lado e passe a seguir o planejamento traçado pelo outro e, mesmo tendo ideias diferentes, não sabotará o processo e, de forma inteligente, desenvolverá um pensamento crítico que antecipará os percalços em que a decisão tomada poderá resultar.

Lembro quando, aos 29 anos, fui presidente de um clube de serviço na minha cidade e eu cheio de ideias revolucionárias e até absurdas. Hoje, reconheço que, embora colocadas em prática, não chegaram a ser insucesso graças à perspicácia de um secretário que tinha uma capacidade tão grande de gerenciamento e liderança que conseguia, de forma inteligente e sucinta, mostrar-me o perigo daquela jornada, diminuindo os impactos negativos que poderiam ter acontecido; contudo, jamais disse – "Isso não vai dar certo" ou "Já tentaram isso e não conseguiram".

Sua capacidade de deixar um presidente inexperiente liderar não fez dele menos líder, mas me fez ser um líder melhor. Claro que sou muito mais fã de Paul McCartney. Isso é fato; talvez consequência de ter acompanhado boa parte da sua longa vida artística, o que o destino não possibilitou ao John.

Pude entender que, mesmo ele tendo tantas virtudes, soube colocar-se ao lado de outro líder nato, luzindo, colaborando, mas de maneira alguma querendo ofuscar o brilho da estrela chamada John Lennon.

Liderar não é tocar mais alto

Quem já teve o prazer de tocar numa banda de *rock* sabe que a disputa pelo alto volume do seu instrumento sempre é um dos motivos para discussões entre os integrantes, ensejando a possibilidade para péssimos ensaios.

Um dos músicos que mais geram discórdias no quesito de altura é o guitarrista e, para ajudar, a maioria das bandas geralmente possui dois. Eu era um deles e posso falar com propriedade: tocar alto não significa ter o controle de uma música. O instrumento que tem a função controladora e que faz o pano de fundo de uma canção é o contrabaixo.

Pra quem não conhece esse instrumento, é muito similar a uma guitarra elétrica, mas com corpo maior, um braço mais longo e uma escala mais extensa. Os mais comuns possuem apenas 4 cordas e são afinadas uma oitava abaixo, com uma sonoridade bem mais grave. Mesmo assim, sua levada faz com que, em um show, você não somente escute o seu som, mas sinta todas suas notas bem em cima do seu esôfago. Ainda mais com a capacidade dos equipamentos sonoros de hoje em dia.

Todo esse contexto permite demonstrar que, da mesma forma que não adianta tocar alto para ser o instrumento guia de uma música, para exercer a liderança e ser respeitado, não é necessário aumentar o tom de voz, gritar ou espernear. Quem muito fala, não quer ser escutado e quem grita não quer ser compreendido.

O líder que diz – **"Quem manda aqui?"**, **"Quem é o patrão aqui?"**, **"Quem é o presidente aqui?"** na maioria das vezes não manda nada. Liderança não se impõe; conquista-se!

Lembro bem quando era mais jovem e tinha meu pai como o grande patriarca e líder natural de uma família de 5 pessoas. Ao autorizar ou desautorizar um pedido meu ou dos meus irmãos geralmente o fazia somente com um olhar. Por ser um pai responsável e trabalhador, havia conquistado, com seus exemplos, meu acato e minha admiração, por isso era respeitado. Claro que havia outros motivos para isso, mas temos que entender que os tempos eram outros.

Nos dias de hoje, a grande busca é liderar pelo exemplo. E, para isso, é preciso ter sempre em mente a aplicação de três características: critério, justiça e sensibilidade. Um líder que a cada hora tem atitudes diferentes com seus liderados torna-se sem critério e de difícil entendimento. Saber corrigir com **discrição**, ter **sensibilidade** para analisar todos os aspectos de uma situação, **não ser injusto** com qualquer integrante da equipe, além de mostrar-se como uma pessoa **confiável** são características fundamentais para quem deseja exercer uma **liderança de qualidade** e não busca simplesmente ser chamado de patrão.

Bidê ou Balde?

Esse é o nome de uma banda de *rock* gaúcha, não tão conhecida no eixo Rio-São Paulo, berço do *rock* nacional, talvez porque, como diria Humberto Gessinger, líder da banda Engenheiros do Havaí, – "Vivem longe demais das capitais". Só por curiosidade, fui pesquisar na internet o motivo da banda ter escolhido esse nome. Encontrei que jornalistas, fãs e amigos perguntam sempre pra eles de onde veio a inspiração para o nome da banda, mas a cada vez que são perguntados, *Os Bidês* inventam uma nova resposta. Portanto, provavelmente jamais vamos saber.

Achei interessante o nome da banda para poder descrever uma técnica que aprendi com um amigo de descendência japonesa que, apesar de ter uma origem modesta, com pouco estudo, tornou-se um grande empresário do setor de transportes. É que, ao participar de palestras e treinamentos em sua trajetória como empresário, entusiasmava-me com os conhecimentos adquiridos e sempre fazia questão de os compartilhar com aqueles que entendia estarem interessados.

Bidê ou balde, ambos se relacionam com a água. O balde pode servir como um reservatório que, quando despejado, faz com que a água deslize para baixo, seguindo a lei da gravidade. Já o bidê, talvez os mais jovens não saibam do que estou falando, trata-se de uma peça de louça, com o formato de uma privada, para lavagem das partes íntimas. Era muito comum nos banheiros das residências e funciona como um chafariz, com a água direcionada para o alto, mas hoje está praticamente em desuso pelo fato de ter sido substituído pela ducha higiênica.

A técnica que me foi ensinada faz relação ao movimento da água desses dois objetos quando da aprovação de aceite por parte de um grupo de liderados. Quando se tenta impor uma decisão de cima pra baixo, sem a opção de escolha sobre o que está sendo proposto, geralmente a aceitação e o envolvimento são bem menores. Tal a água que desce de um balde e molha tudo o que tem abaixo. Sem escolha, as pessoas poderão sentir-se fora do processo de decisão e, desmotivadas, poderão sabotar o processo.

De modo inverso, quando a decisão é tomada a partir da discussão entre os membros de um grupo, todos se sentirão partícipes e a decisão terá muito mais chance de execução. Tal como a água que, ao abrir a torneira, sai de um bidê, as ações tomadas de baixo pra cima farão com que todo o processo esteja mais inclinado e fadado ao sucesso do que ao fracasso.

Para ilustrar essa técnica, vamos imaginar uma empresa que tem a necessidade de aumentar a produção das suas manufaturas para atender a um determinado pedido. Para isso, precisa que seus colaboradores trabalhem além do horário convencionado pelo período de um mês. O gerente reúne sua equipe e passa a nova ordem – "Vamos trabalhar nos próximos domingos e feriados para poder atender às demandas e não atrasar as entregas; já foi definido pela direção".

Essa abordagem encaixa-se no exemplo da técnica do **balde**, na qual, seguramente, haverá muitas reclamações, já que essa ordem atrapalhará os planos de muitas famílias e isso afetará o grau de satisfação e a produtividade dos colaboradores, fazendo com que trabalhem sob tensão.

Agora vamos imaginar o mesmo gerente reunindo seus colaboradores e demonstrando toda a situação, explicando a necessidade da empresa quanto ao aumento da produção e questionando a equipe sob quais soluções poderiam ser desenvolvidas para que essa demanda fosse atendida.

Essa seria a técnica **bidê** que, não raras vezes, tem como resultado uma decisão democrática, produto dos próprios colaboradores e, muitas vezes, não muito diferente da ideia imposta pelo gerente na primeira situação.

A técnica bidê melhorará o envolvimento de todos no processo e fará com que o gerente seja visto como um líder democrático, possibilitando que os liderados tenham a liberdade para opinar e, assim, ajudar na busca por soluções aos novos desafios.

Concluindo

Penso que, na vida, aprendemos com os erros ou com os exemplos. Tive a grande sorte de estar ao lado de pessoas que me serviram de exemplo para muitas decisões e que me fizeram errar bem menos do que poderia. Tal como um guitarrista que possui 10% de inspiração e 90% de transpiração, face a tantas aulas e exercícios que realiza para, assim, um dia poder subir ao palco e fazer o solo de sua vida, espero que sua busca por liderança permita-lhe ter inspiração suficiente para ser um líder rock n roll. Mas lembre-se: sempre com honestidade, capacidade e principalmente humildade. Antes de tudo, seja o líder da sua própria vida e faça dela um grande show.

Muito obrigado!

16

RELACIONAMENTO NAS REDES SOCIAIS

A palavra-chave de um bom relacionamento é reciprocidade. As redes sociais favorecem essa troca por meio do ciberespaço, fomentando a criação de novas culturas, tribos e comunidades digitais, como em um relacionamento entre duas pessoas no espaço e tempo do campo material. Assim, descrevo 11 passos para que você seja mais assertivo no mundo digital.

MARCIA TORINO DA SILVA ROCHA

Marcia Torino da Silva Rocha

Pedagoga graduada pela UNIPAR - Universidade Paranaense (2003). Pós-graduada em Inclusão - Educação Especial - FAG - Faculdade Assis Gurgacz (2004). Pós-graduada em Neuropsicopedagogia (2006). MBA em Marketing pela FGV (2021). Estrategista Digital. CEO da Agência Open Marketing. Ajudo pessoas a conectarem-se com marketing de conteúdo, facilitando a compreensão das redes sociais.

Contatos
marciatorinorocha@gmail.com
Instagram: @marciatorinorocha
Facebook: www.facebook.com/marciatorinorocha

Nossas relações sociobiológicas foram progressivamente influenciadas pelas transformações e avanços tecnológicos. Na Terceira Revolução Industrial tivemos uma das principais transformações tecnológicas digitais de automação e de inteligência artificial, gerando novas necessidades de relacionamento e de consumo.

Com a internet, reinventamos diversos equipamentos e fomos capazes de nos conectar instantaneamente. O mais importante passou a ser reunir virtualmente pessoas de diversos cantos do mundo, com troca de informações de maneira rápida, ágil e acessível a muitos.

No ciberespaço, não há limite para compartilhar nossa mensagem ao mundo, influenciando comportamentos, preferências e formas de relacionamento, oportunizando o acesso a diferentes formas de aprendizado em fração de segundos, criando e fomentando a cibercultura. Uma nova leitura da sociedade, define Martino (2014): *o resultado é uma série considerável de ações e práticas que não aconteceriam, por conta da ausência de um aparato tecnológico adequado, em outros momentos ou lugares.*

A criação, a valorização e a expansão das conexões virtuais fundamentam-se em três pilares: **conexão** com a lógica das mídias sociais, **agilidade** de acesso com flexibilização de tempo/espaço e **inovação** dos recursos em um processo acelerado. As redes sociais e suas várias plataformas contribuíram para o aprimoramento do que temos hoje. Cada rede com sua identidade peculiar construiu sua audiência com base em espaços livres e democráticos.

As relações humanas foram apresentadas publicamente. Os indivíduos opinam de maneira personalizada, compartilhando convivências, gostos e preferências por meio de comunidades e tribos. Redes sociais tornaram-se espaços de manifestações individuais e coletivas, criando fenômenos de influência. Muitos acreditam que elas suprem desejos e expandem-se pela necessidade de interação entre indivíduos.

Compartilhamos ideias e esperamos respostas; trocamos informações e *feedbacks*, imperando o princípio da ação e reação em um processo de interação e troca não distanciando a vida real da virtual.

Maslow, em sua pirâmide das necessidades básicas, evidenciou categorias dentre as quais as *necessidades psicológicas*, descritas como sociais, que dependem naturalmente da relação com o outro como fator para a sobrevivência. A partir dessa teoria, destacamos a necessidade evidente que sentimos de *pertencer* a um grupo, a uma comunidade ou tribo que representa a nossa forma de interpretar e expressar sentimentos e desejos.

Isso nos move a participar de redes com as quais nos identificamos, aceitando pedidos de amizade, enviando comentários, compartilhando conteúdos, realizando eventos ao vivo (*lives*), discutindo assuntos em *chats* particulares e quebrando paradigmas de burocratização, acessando serviços e comprando experiências de qualquer lugar do mundo.

Uma pesquisa de novembro de 2015 feita pelo Instagram mostrou que 60% das pessoas descobrem novos produtos nessas redes, as quais possuem mais de 1 bilhão de contas em todo o mundo. Quanto mais compartilhamos conteúdos úteis e aplicáveis, mais observamos atribuição de valor. A importância de um perfil vem de sua capacidade de gerar conexão. Valor e conexão são muito favoráveis à construção da "autoridade digital", ou seja, reconhecimento público de sua capacidade profissional dentro de um assunto específico.

Para reconhecermos as características da nossa audiência, temos uma importante ferramenta: o mapeamento da persona. Nela destaca-se o papel de interpretação (pensar como ela, escutar, ver, falar, sentir) entendendo seus problemas e suas necessidades. Daniel Goleman diz que: "...quanto mais duas pessoas fazem espontaneamente movimentos naturais — simultâneos ou coordenados de alguma outra forma — maiores serão seus sentimentos positivos". Essas ações repetidas na esfera *offline* de contato entre pessoas no mundo físico podem ser representadas por técnicas de *rapport*, as quais conectam pessoas pela empatia, facilitando o processo de comunicação.

A geração Z, dos nascidos entre 1995 e 2010, transformou suas formas de sentir e expressar sentimentos ligando-se a causas sociais fortemente ativistas e motivados para lutar pela liberdade da identidade social de cada pessoa, fomentando uma cultura onde não existem rótulos. Com inúmeros conteúdos disponíveis, todos revisitam seus valores e criam novas formas de manifestar seus desejos e interesses, buscando pessoas autênticas, espontâneas e criativas.

Essa geração assume como primordial a necessidade de selecionar o que é bom, útil e pode gerar valor intangível. Assim, a seleção e reclusão em grupos fechados traduzem a fuga de encontros sociais considerados tóxicos ou incompatíveis com a forma de pensamento. Daniel Goleman descreve essa situação:

> É preciso reconsiderar o pressuposto de que somos imunes a encontros sociais tóxicos. Costumamos supor que, exceto pelas explosões temporárias de mau humor, nossas interações pouco importam para nós no nível biológico. Ledo engano o nosso. Assim como pegamos um vírus de uma pessoa, podemos também ser emocionalmente contagiados por um estado de espírito que nos torne mais vulneráveis a esse mesmo vírus ou que mine nosso bem-estar.

Não há dificuldade em nutrir e manter relacionamentos *online* ou *offline* nessa geração; porém, há uma rigorosa seleção de valor. A divulgação de momentos efêmeros, como o compartilhamento de *Stories* na rede Instagram, surgiu a partir do *Snapchat*, e estreou no Instagram em 2016. De lá para cá a ferramenta apresentou ajustes, inclusive alguns que de uma forma ou outra inicialmente foram feitos para manter o sigilo entre grupos específicos, como o recurso chamado "Melhores Amigos" do Instagram, criado para que seus *stories* especiais fossem compartilhados apenas com grupos seletos.

Mas, afinal, o que precisamos entender sobre relacionamento na Era Digital? Primeiro, precisamos pensar em rede social como um espaço de conversa entre pessoas que se relacionam no ciberespaço. Depois, entender que as pessoas aproximam-se por interesses em comum e mantêm relacionamentos enquanto os mesmos forem importantes e recíprocos. Alguns se fidelizam por muitos anos, ou por uma vida; outros desenvolvem uma paixão viral que se espalha em grande escala ou tantas outras formas de representar os laços sociais.

Listei os 11 passos para que você construa um relacionamento consistente e relevante nas redes sociais:

1. Despertar atenção e interesse nas redes sociais segue as mesmas etapas de um relacionamento físico. Primeiro, você precisa saber quem você quer conquistar, conhecendo preferências e interesses para abordá-lo de uma forma única e inteligente.

2. Ser atraente faz parte da conquista. Originalidade e personalidade na forma de apresentar seu conteúdo é fundamental.

3. Desperte empatia ouvindo sua audiência. Sentimos mais confiança e atribuímos credibilidade quando o interesse genuíno é manifestado. Quando você envia uma mensagem e agradece a um novo seguidor por acompanhar seu conteúdo, ou por sempre comentar suas publicações, a reação é de importância.

4. Invista em reciprocidade, compartilhe os novos aprendizados, dicas, envie materiais gratuitos, tutoriais, vídeos exclusivos, infográficos e outros materiais que sejam úteis. Ao começar um namoro (analogia do relacionamento): para enviar o presente (conteúdo gratuito), você precisa de um endereço para entrega (um email, WhatsApp). Assim você já salva na sua lista de futuros clientes. Pense nesse relacionamento de forma natural. Abra a mente e você vai entender que ou você é fortemente persuasivo e impressiona no primeiro encontro, ou você pode estar em um relacionamento onde o outro pode sentir-se ameaçado. Portanto, enviar materiais gratuitos para aumentar o valor e reconhecimento antes de pedir o telefone pode ser uma boa estratégia.

5. Desperte afeição e reconhecimento com integridade. Caso você crie um personagem encantador, um príncipe de cavalo branco, e que na verdade nada disso te representa, ficará insustentável o relacionamento. Seja você e desperte interesse pela originalidade. Imprima sua personalidade em tudo. Se precisar, faça uma pesquisa para entender o que as pessoas pensam quando se lembram de você (ou sua marca) e faça um mapeamento dos seus atributos.

6. Não deixe de dizer "bom dia!". Assim como o começo de um relacionamento entre duas pessoas, não se pode deixar que a situação esfrie. Responda as mensagens via Direct no Instagram, Messenger, WhatsApp e outras redes. Para facilitar, você pode até usar aplicativos e sites que fazem esse gerenciamento de mensagens por você, mas fique alerta, não gostamos de conversar com robôs. Precisamos de uma conversa que possa fluir e que tenha palavras que imprimam atenção genuína. Por exemplo, certa vez cadastrei uma mensagem na Fanpage automática: *"Olá @marcia! Não sei se posso te chamar assim, mas quero agradecer que está aqui e deixar meu WhatsApp para dúvidas, gosto de café e um bom papo, mesmo que virtual"*. O @ fazia menção ao perfil que estava entrando na página pela primeira vez, como se eu chamasse pelo nome do perfil, que era como estava escrito na rede social, mas, ao mesmo tempo, deixava a pessoa curiosa e acolhida para um café virtual (café acolhe, aproxima).

7. Lembre-se que a primeira impressão é a que fica! Não exagere nos filtros das fotos. A expectativa pode estar alta e ser difícil de suprir. Mantenha suas redes atualizadas, seus conteúdos publicados com regularidade e que sejam criativos, despertando a vontade de compartilhar. Pense que a pessoa no relacionamento ficou tão impressionada que vai compartilhar com uma amiga uma foto sua para mostrar o quão interessada ela está.

8. Chegará a hora em que o namoro estará quente e essa é sua grande chance! É hora do primeiro encontro. Vocês já se conheceram, atribuíram valor e chegou o momento da "verdade". Quando você estiver ao vivo com a sua audiência pela primeira vez, use recursos como criar uma ancoragem para esse momento (imaginar todos os passos, todas as situações, possíveis improvisos) dominando suas ações e estados emocionais. Esteja pronto para ser o melhor dia da sua vida. Prepare-se para ouvir do outro "valeu a pena" ou um "uau".

9. Jamais seja mal educado com quem dedicou um tempo para você. No dia seguinte, pergunte como a pessoa está. Caso tenha vendido uma consultoria *online* (primeiro encontro), envie um material extra complementar; tenha esse material pronto para surpreender (seria como se ainda levasse flores no dia seguinte). Caso o encontro não tenha ocorrido (a sua audiência não esteja comprando), identifique o que falta para você despertar mais atenção e interesse.

10. Evolua o namoro para uma relação mais duradoura. Quando você gera bons resultados desde o começo, uma nova oportunidade pode surgir. Talvez seja o momento de organizar novos projetos, mostrar mais atitude e ousadia para superar seus limites e chegar aos votos de fidelidade.

11. A grande lição do relacionamento de longo prazo é evoluir junto com ele, ser flexível, resiliente e consistente. Nessa tarefa cotidiana de manter um relacionamento saudável, as pessoas que se relacionam precisam estar em harmonia. Se você casar e tiver muitas tarefas para fazer enquanto o outro não faz "nada", em algum momento alguém vai cansar. Gerenciar um relacionamento *online* com a sua audiência depende de empenho e organização.

Lembre-se: redes sociais são conversas; elas foram criadas para facilitar as conexões entre pessoas de qualquer lugar do mundo.

Referências

BRIDGER, Darren. *Neuromarketing: como a ciência aliada ao design pode aumentar o engajamento e influência entre os consumidores*. Tradução: Afonso Selso da Cunha Serra. São Paulo: Autêntica Business, 2018.

COVEY, Stephen R. *Os 7 hábitos das pessoas altamente eficazes*. Tradução: Alberto Cabral Fusaro, Márcia do Carmo Felismino Fusaro, Claudia Gerpe Duarte. Rio de Janeiro: RJ, Best Seller, 2005.

GOLEMAN, Daniel. *Inteligência social: o poder das relações humanas*. Tradução Ana Beatriz Rodrigues. Rio de Janeiro: RJ, Elsevier, 2011.

INSTAGRAM FOR BUSINESS. Disponível em: <https://business.instagram.com/getting-started/#why-instagram>. Acesso em: 06 abr. de 2020.

KOTLER, Philip. *Marketing 4.0: do tradicional ao digital.* Tradução: de Ivo Korytowski. Rio de Janeiro: Sextante, 2017.

MARTINO, Luís Mauro Sá. *Teoria das mídias digitais: linguagens, ambientes, redes.* Petrópolis: Vozes, 2014.

RECUERO, Raquel. *Redes Sociais na Internet.* Porto Alegre: Sulina, 2009.

17

ACEITAR E RESPEITAR O OUTRO NA SUA SINGULARIDADE

Este capítulo tem como objetivo ressaltar a importância do respeito e da aceitação do outro, enxergando-o como alguém semelhante a mim, a fim de que possamos estabelecer relacionamentos cordiais e saudáveis, contribuindo, assim, para o bem-estar de cada um.

MARIA HELENA LOBÃO

Maria Helena Lobão

Psicóloga formada pela Pontifícia Universidade Católica de Minas Gerais, em Belo Horizonte, em 2005. Possui formação em Coaching Vocacional pelo Instituto Maurício Sampaio e curso de Orientação Profissional, ministrado pela empresa Consultar Gestão de Pessoas. Coautora do livro Contos que Curam, publicado pela Literare Books International em 2019.

Contatos
lobaomariahelena@gmail.com
31 99464-5237

> ... Porém, a fonte dos nossos problemas não está no mundo, mas no modo como encaramos o mundo, no que exigimos dele e no que nos recusamos a pagar para que essas exigências sejam atendidas. Não é a visão que tem de mudar, mas a pessoa que a detém. Nossa vida é resultado do modo como pensamos e vemos o mundo. Não importa quantas vezes mudemos nossa localização, emprego, cônjuge ou outros elementos da vida, ainda levamos conosco os mesmos pensamentos, as mesmas reações e o mesmo modo de ver o mundo e os outros.
>
> Albert Low

Aspectos do ser humano que influenciam nas suas relações com os outros

A questão do poder nas relações humanas:

Na história da humanidade, percebemos a tendência do ser humano em querer dominar e subjugar não apenas as demais espécies da natureza, mas também os seus semelhantes. Na conquista das Américas pelos portugueses, espanhóis e ingleses, os índios, habitantes dessas terras, foram dizimados ou obrigados a assimilar a cultura do colonizador. Povos africanos também foram afetados, com a captura e escravidão de diversos deles no Brasil e nos demais países das Américas. E essa situação de dominação, humilhação e subjugação de diversos povos ocorreu no decorrer da história da humanidade.

Em nossos relacionamentos mais íntimos também fazemos isso. Muitas vezes, menosprezamos e humilhamos as pessoas mais próximas a nós: marido, esposa, filhos, pais e irmãos. Nós nos colocamos de forma superior e arrogante perante eles.

Muitas mulheres criticam seus maridos ou namorados e desvalorizam qualquer coisa que eles façam, tirando deles a potência e a autoestima, e fazendo com que se sintam incapazes e insuficientes, em vez de demonstrarem por eles respeito e admiração.

Há homens que também tiram de suas esposas ou namoradas a alegria de viver, agredindo-as física e psicologicamente, cerceando a sua liberdade, proibindo-as de sair de casa para trabalhar ou se divertir, e até mesmo de se relacionar com outras pessoas, minando, assim, sua autoestima e sua autoconfiança.

E há pais que não incentivam e nem demonstram orgulho e satisfação pelas conquistas e atitudes positivas dos seus filhos. Em vez disso, os criticam e destroem sua motivação para crescer e progredir na vida, seja no campo pessoal, social ou profissional.

A questão da inveja e a crença de que o mal está no outro

Algumas vezes, sentimos inveja do outro. A inveja nos impede de ver o que há de positivo e bom no outro e de nos regozijarmos com as suas conquistas. Quando invejamos o outro, em vez de focarmos em nós, procurando nos aperfeiçoar naquilo em que somos bons, dirigimos nosso olhar ao outro, não aceitamos seu sucesso e o seu crescimento. Desejamos que ele fracasse e, muitas vezes, queremos, a todo custo, aniquilá-lo. Então, o sucesso do outro, e não o nosso fracasso, passa a ser o motivo de nosso sofrimento.

O filósofo Leandro Karnal proferiu palestra tendo como título *O pecado envergonhado: a inveja* (disponível em https://www.youtube.com/watch?v=eGBSgFcf1gY), na qual afirmou que *inveja é sempre tristeza pela alegria alheia, a minha dor pelo sucesso alheio*.

Ele cita um exemplo: se eu tenho um salário de 10 mil reais e tenho a chance dele aumentar para 15 mil reais, eu prefiro receber apenas 12 mil reais, se o salário dos meus colegas de trabalho continuar sendo 10 mil reais, em vez de todos passarem a receber 15 mil reais.

Além da inveja, existe uma outra situação que interfere nos relacionamentos: a crença de que o mal está no outro.

Na psicanálise e em outras linhas de psicoterapia, um dos assuntos abordados diz respeito aos mecanismos de defesa. Mecanismos de defesa são recursos que utilizamos para nos defender psiquicamente dos outros e do nosso mundo interno. Dentre eles, encontra-se o mecanismo denominado "projeção". Por meio desse recurso, nós atribuímos a outras pessoas qualidades, pensamentos e sentimentos que são nossos. No livro *O certo é o avesso*, Júlio Machado fala sobre o uso dessa defesa em nossas relações com os outros. No capítulo sobre "Culpa e Julgamento" ele diz: *Nós tomamos a culpa que está dentro de nós e, inconscientemente, assumimos a seguinte postura, como que dizendo: 'Isto não está realmente em mim, está em você. Eu não sou culpado, você é culpado. Eu não sou responsável por ser miserável e infeliz; você, sim, é culpado pela minha infelicidade'*.

A questão emocional: é possível controlar ou administrar as nossas emoções?

No livro *O paradoxo do chimpanzé*, o Prof. Steve Peters apresenta, de forma didática e simplificada, o que ele chama de "modelo de administração do chimpanzé". Para isso, ele utiliza algumas funções e características dos cérebros frontal, límbico e parietal para explicar a mente psicológica, associando-os, respectivamente, com o humano, o chimpanzé e o computador.

O cérebro frontal ou Humano é o nosso cérebro racional. O cérebro límbico ou Chimpanzé é o nosso cérebro emocional. E o cérebro parietal ou Computador é uma área de armazenamento de ideias e comportamentos que fica espalhada pelo cérebro inteiro.

O Computador armazena informações nele colocadas pelo Chimpanzé ou pelo Humano. Essas informações serão usadas, posteriormente, para se agir com base nelas ou para servir apenas como um ponto de referência.

O Chimpanzé toma decisões com base nas emoções. Ele só sabe pensar e agir com a emoção.

O Humano, por outro lado, interpreta as informações, examinando os fatos e estabelecendo a verdade. Assim, interpreta os acontecimentos de maneira racional, usando o raciocínio lógico.

Em grande parte das vezes, o Chimpanzé e o Humano entram em conflito. O Chimpanzé é o mais poderoso. E assumindo o controle dos pensamentos e das ações, entra no modo de funcionamento defensivo ou de ataque.

Nós podemos observar que o Chimpanzé assume o controle em uma briga de trânsito, por exemplo. Ao serem "fechados" por outro carro, há motoristas que xingam e brigam com o motorista do outro veículo.

Em brigas de casais, também podemos ver quando o Chimpanzé está no controle. Nessas situações, cada um acha que está com a razão. E como nenhum dos dois dá o braço a torcer, essas brigas se alongam e se transformam em discussões intermináveis, Nessas situações, a raiva e o desejo de destruir o outro é o que prevalece. Esse cenário foi muito bem retratado no filme *Kramer vs. Kramer*, no qual o ódio que o marido e a mulher sentiam um pelo outro era muito grande e acabou resultando em uma tragédia.

No livro *Pessoa humana e singularidade em Edith Stein*, Francesco Alfieri assim diz no texto 5 do capítulo III (A plenitude da pessoa e a harmonia do ser):

> Façamos de conta, por exemplo, se eu sentisse vontade de dar um soco em alguém. Eu tenho o poder de realizar isso? Sim, pois tenho a posse dessa ação no sentido de que tenho a capacidade de mover o meu braço e atingir o outro violentamente com a minha mão em punho. Porém, também tenho um poder mais importante, que é a posse da posse dessa ação, ou seja, tenho o poder de fazê-la ou não. Desse modo, temos dois poderes que devem andar sempre juntos: o poder de fazer e o poder de decidir não utilizar esse poder.

Portanto, nós podemos decidir agir impulsivamente, sob o domínio da emoção, mas também podemos decidir agir sob o domínio da razão.

Bert Hellinger desenvolveu uma metodologia para tratar de problemas emocionais e de relacionamento entre as pessoas, denominada "Constelação Sistêmica" ou "Constelação Familiar". Ele desenvolveu essa metodologia a partir de três princípios, que ele chamou de três leis sistêmicas: lei do pertencimento, lei da hierarquia e lei do equilíbrio entre dar e receber.

A lei do pertencimento significa que todos nós pertencemos à nossa família de origem e nenhum dos membros deve ser excluído dela.

A lei da hierarquia significa que quem veio primeiro tem prioridade sobre quem veio depois. Então, os pais têm prioridade sobre os filhos. E os avós têm prioridade sobre os pais.

A lei do equilíbrio entre dar e receber significa que, para que haja equilíbrio, a pessoa que recebe deve dar algo em troca na proporção em que recebeu. Se a pessoa não tem como retribuir a quem lhe deu, então ela deve dar algo para outra pessoa ou ser grata a quem lhe deu. Podemos citar o exemplo dos pais, que alimentam, cuidam e educam seus filhos. Estes, enquanto crianças, não têm como retribuir o que recebem de seus pais. Mas quando eles tiverem os próprios filhos, farão por estes o que os seus pais fizeram por eles. Então, nesse momento a retribuição acontece.

E em uma relação conflituosa, entre marido e mulher, por exemplo, mesmo que o casal se separe, ambos podem ser gratos um ao outro pelos momentos em que viveram juntos e pelos filhos que tiveram (caso tenham tido filhos). Assim, reconciliando-se, cada um pode liberar o outro e seguir sua vida.

Empatia

No livro *O poder da empatia*, Roman Krznaric transcreve o conceito de empatia dado pela designer Patricia Moore, em entrevista concedida a ele em 25/10/2012:

> A empatia é uma consciência constante do fato de que nossos interesses não são os interesses de todo mundo e de que nossas necessidades não são as necessidades de todo mundo, e que algumas concessões devem ser feitas a cada momento.

Patrícia Moore tinha 26 anos de idade, trabalhava como designer de produtos em uma empresa de Nova York e resolveu se "transformar" em uma idosa de 85 anos, após sugerir, em seu trabalho, que a porta de um novo modelo de geladeira fosse projetada de tal maneira que uma pessoa com artrite pudesse abri-la com facilidade, e um colega dela respondeu: *Pattie, não projetamos para essas pessoas.* Segundo o autor do livro, entre 1979 e 1982, ela visitou mais de cem cidades da América do Norte vivendo seu personagem, com o objetivo de entender o mundo à sua volta e descobrir quais eram os obstáculos cotidianos que os idosos enfrentavam e como eles eram tratados. Com base em suas experiências, ela foi capaz de projetar diversos produtos que puderam ser usados por pessoas idosas, inclusive por aquelas com mãos artríticas.

Diante do relato acima, considero importante nos questionarmos se somos empáticos ou não com as outras pessoas. Muitas vezes, nós decidimos o que é melhor para o outro com base em nossas opiniões, nossos desejos, nossas preferências. Não perguntamos se o outro deseja algo. Mas nós decidimos por ele o que é melhor para ele. Quando estamos diante de crianças ou de pessoas incapacitadas, às vezes nós devemos escolher o que é melhor para elas. Mas quando estamos diante de pessoas adultas, com capacidade de discernimento, ao escolhermos por elas, estamos sendo invasivos e tolhendo a sua liberdade de escolha.

No romance *Uma vida em Segredo*, de Autran Dourado, a personagem Biela saiu da fazenda onde morava após a morte de seu pai e foi morar com um primo, sua esposa e cinco filhos. A esposa de seu primo quis comprar roupas novas para ela, já que as que ela tinha eram de chita. Porém, Biela não se sentia bem dentro dos vestidos novos.

Às vezes, temos boa intenção ao tentarmos ajudar o outro, mas a última palavra tem que ser do outro, não nossa.

No mesmo texto do livro *Pessoa humana e singularidade em Edith Stein*, citado na página anterior, Francesco Alfieri diz:

> Uma pessoa é capaz de atuar no mundo de modo desperto somente quando consegue gerir o seu ser; caso contrário, estará sujeita ao domínio alheio, restringindo sua existência ao nível da psique e deixando embotado o seu espírito. Essa pessoa, sem vitalidade própria, dependerá de influências externas para realizar suas ações. Devemos ter o controle sobre nossas escolhas; devemos deter esse poder.

E para terminar, reproduzo as palavras da pedagoga francesa Margherit Duvas para o menino Roberto Carlos Ramos, cuja história foi contada por ele no livro *A arte de construir cidadãos: as 15 lições da pedagogia do amor* e no filme *O contador de histórias*:

Eu é que não consigo conversar com as pessoas sem olhar nos olhos delas. Eu só consigo falar o que eu penso quando eu vejo o olho da pessoa.

Referências

ALFIERI, Francesco. *Pessoa humana e singularidade em Edith Stein*. São Paulo: Perspectiva, 2014.

DOURADO, Autran. *Uma vida em segredo*. Rio de Janeiro: Rocco, 2001.

HELLINGER, Bert. *Ordens do amor*. São Paulo: Cultrix, 2003.

_____. *A simetria oculta do amor*. São Paulo: Cultrix, 1999.

KARNAL, Leandro. Palestra O pecado envergonhado: a inveja. Disponível em: <https://www.youtube.com/ watch?v=eGBSgFcf1gY>. Acesso em: 20 mar. de 2020.

KRZNARIC, Roman. *O poder da empatia*. Rio de Janeiro: Zahar, 2015.

LOW, Albert. *A prática do zen e o conhecimento de si mesmo*. São Paulo: Cultrix, 2000

MACHADO, Júlio. *O certo é o avesso*. Belo Horizonte: Usina do Livro, 2017.

MOREIRA, Andrei. *Amor a dois*. Belo Horizonte: AME-MG, 2018.

PETERS, Steve. *O paradoxo do chimpanzé*. Rio de Janeiro: Intrínseca, 2016.

POWELL, John. *Por que tenho medo de lhe dizer quem sou*. 8. ed. Belo Horizonte: Crescer, 1991.

RAMOS, Roberto Carlos. *A arte de construir cidadãos: as 15 lições da pedagogia do amor*. São Paulo: Celebris, 2004.

_____ Palestra motivacional. Disponível em: <https://www.youtube.com/watch?v=2X3QGNVF56Y>. Acesso em: 15 mar. 2020.

18

ESTOU ATIVANDO AÇÃO, VOCÊ TAMBÉM PODE

Neste capítulo, os leitores encontrarão estratégias para promoverem a conexão adequada com seus liderados, bem como com suas equipes, com a essência do que há de mais conhecido no mundo, porém pouco explorado. Agregando valor e Otimizando Relações.

MARIA KATIANE VIANA DA SILVA

Maria Katiane Viana da Silva

Coordenadora de produção, Palestrante ativacional, tem como missão fazer com que as pessoas busquem clareza em sua jornada, bem como trazê-las para o nível de consciência desejado para que possam realizar seus objetivos, levando-se ao movimento em busca de um posicionamento adequado, causando uma transformação de mentalidade. Bacharel em Administração Empresas pela Unip (2012). MBA em *Business Process* pela Fundação Getulio Vargas (2021). Formada pela instituição brasileira Febracis em *Coach* Integral Sistêmico. Com experiência de mais de 25 anos na área industrial, responsável por elaborar e gerenciar projetos de melhoria de processos com foco em gestão de pessoas, bem como desenvolvimento de equipes. Seu objetivo principal é fazer com que as pessoas contribuam com seu melhor, trazendo alta *performance* para as organizações, e para sua própria vida. Não existe transformação de processo sem mudança de *mindset*.

Contatos
mariakatiane@yahoo.com.br
Instagram: @mariakviana
Facebook: mariakviana
11 97547-0688

*A mente que se abre a uma nova ideia
jamais voltará ao seu tamanho original.*

Albert Einstein

Estamos vivendo em uma era em que tudo muda muito rapidamente. Para acompanhar essas mudanças precisamos estar conectados com nossos valores e propósitos de vida. No decorrer deste capítulo, convido você a se conectar com o que possui de mais verdadeiro. Isso transformou a minha vida.

Era manhã de 1985. Eu, ainda criança, acompanhava minha mãe em um dos seus trabalhos extras quando ela parou, olhou bem em meus olhos e disse: "Filha estude para você se tornar uma bancaria". Naquele dia, ela estava me ensinando sobre valores; também estava afirmando que, no futuro próximo, todos nós precisaríamos estar preparados tecnicamente e emocionalmente. O desenvolvimento seria extremamente importante para as próximas décadas, pois as mudanças aconteceriam de forma cada vez mais rápida.

Em 1994, eu sai do interior do Maranhão, levando muita fé e vários sonhos na bagagem. Aprendi, desde muito cedo, que devemos criar nossas próprias oportunidades e não sermos vítimas de nós mesmos. Quando chegamos em São Paulo, uma cidade grande repleta de oportunidades, tive medo do desconhecido e também de passar necessidade em tempos difíceis. Naquele momento, se instalavam várias crenças limitantes, mas também acreditava em tudo que havia aprendido acompanhando minha mãe, quando criança, em sua rotina de trabalhos extras, como doméstica e faxineira do banco local da cidade. Aprendi sobre empreendedorismo, sobre não desistir e criar estratégias para vencer as dificuldades. Entendi que precisava criar minhas próprias oportunidades para sobreviver em São Paulo, assim como todos que saem da sua cidade natal para enfrentar a vida na cidade grande. Seis meses depois de chegar em São Paulo, quando os mantimentos estocados já estavam no final, consegui um emprego no qual tive a oportunidade de aplicar e aperfeiçoar todos os meus conhecimentos e habilidades, que tinha humildemente aprendido quando criança com minha mãe.

Em 1995, eu trabalhava em um galpão de serviços manuais com minhas duas irmãs. Nós formávamos uma equipe. Em uma ocasião, fomos informadas que a melhor equipe seria premiada com algo extremamente relevante. A partir daí, meu o foco era atingir a meta. Meu primeiro desafio foi alcançado. Ali eu percebi que clareza e consciência para alcançar objetivos são importantes e podem mudar sua realidade, então comecei a ressignificar minhas crenças limitantes. Comecei a projetar meus objetivos. Passadas duas semanas, minhas irmãs e eu fomos chamadas na sala da gerência e recebemos a notícia de que seríamos transferidas. O proprietário do estabelecimento disse: "Maria Katiane, você e sua equipe estão de parabéns! Atingiram as metas antes da data prevista. Peço que, antes da transferência de vocês para a sede da empresa, repliquem essas habilidades aos demais colaboradores". Todos os dias que antecederam essa notícia, eu trabalhei com foco e estratégias para alcançar o objetivo. Assim recebi meu primeiro salário. Meu desejo era fazer uma grande compra de mantimentos para comemorar com minha mãe, oferecer a ela uma boa refeição de natal, afinal, era dezembro. Fizemos uma grande ceia; ficamos todos muito felizes, então, naquele momento, pude comprovar que podemos mudar nossa realidade criando nossas próprias oportunidades, basta acreditar e manter o **foco**.

Todos nós temos sonhos e precisamos lutar para realizá-los e jamais desistir. Então, em dezembro de 1995, iniciava minha trajetória nessa empresa que trabalho até os dias de hoje. São 25 anos de muita dedicação e foco em resultado.

Acredito que tudo pode ser melhorado. Pessoas otimistas conseguem entregar o melhor de si seguindo uma estratégia. Em 2008, iniciava meu Bacharelado em Administração Empresas. Após seis anos conhecendo toda a cadeia de *supply chain*, fui apresentada a uma nova oportunidade, na mesma empresa, em uma área de terceirização de serviços externos. Foi a melhor oportunidade da minha vida. Naquele momento, eu estava dizendo "sim" não somente às oportunidades, mas também ressignificando minhas crenças em medos e incapacidade de merecimento.

Na nova função, meu desafio seria fazer com que os terceirizados trabalhassem com consciência e foco no resultado, sustentando alta *performance*. Isso foi extremamente importante para o meu crescimento profissional e pessoal, bem como para aprimoramento no desenvolvimento de equipes. Eu sempre tive um desejo de liderar pessoas e entregar alta *performance* à empresa. Minha equipe contava com aproximadamente 1.500 pessoas indiretamente. Meu maior desafio era encontrar uma maneira de fazê-los contribuir ativamente; e foi a partir dessa necessidade que nasceu o método: Ative Ação Dentro de Você.

Aprendi com o coordenador da área que temos o poder do conhecimento e da persuasão; aliás todos temos dons e talentos. A partir desse dia, resolvi agir em busca dos meus sonhos. Montei um PDI (Plano de Desenvolvendo individual), estipulei metas alancáveis com datas, ações, mudança de hábitos com foco em transformação e mudança de mentalidade. Para isso, foi necessário criar pequenos hábitos, e tudo começou a fluir naturalmente, absolutamente tudo. Otimizar relações, nesse processo, foi de fundamental importância. Eu tinha clareza e consciência do que fazer, busquei ajuda profissional para trabalhar as habilidades mais importantes, que seriam entender e compreender as pessoas. Trabalhar ativando e capacitando cada membro da equipe seria a prioridade número 1. Por se tratar de um assunto delicado, resolvi falar com a psicóloga da empresa. Destaco aqui a ajuda excepcional da Juliana Tozelli que, em algumas sessões de *coaching*, deixou claro o caminho que eu deveria seguir para potencializar as habilidades que fizeram toda a diferença nesse processo. Percebam que tudo, até agora, está ligado às crenças que ressignifiquei. Quando percebi a importância de trabalhar com pessoas de personalidades e realidades diferentes, vi a oportunidade de contribuir para o crescimento de cada uma delas, elevando o nível de *performance*. Dessa forma, fui em busca do autoconhecimento para vencer todos os obstáculos. Meu objetivo sempre será fazer com que a equipe utilize o máximo do seu potencial. Aprendi que não existe transformação de processo sem, antes, transformar o modelo das pessoas; então percebi que, a partir daquele momento, iria trabalhar a liderança servidora e também o poder da autorresponsabilidade, de Paulo Vieira. Levei esse conhecimento a todos os meus colaboradores por meio de treinamentos práticos, com aplicação de ferramentas técnicas e comportamentais que levaram a equipe a um resultado extraordinário.

A Liderança Servidora, portanto, significa estar a serviço das pessoas, zelando pelo seu bem-estar e desenvolvimento pessoal. Ao agir assim, o líder experimenta intensa alegria. Para o líder servidor, a visão de servir cresce à medida que ajuda seus liderados a se desenvolverem e crescerem (Oliveira e Marinho, 2005).

Gostaria de convidá-los a fazer uma autoavaliação da sua vida, refletindo quem está no comando do barquinho da sua vida. Ainda usando essa metáfora, proponho que façam uma reflexão de visão positiva do futuro, lembrando que você está no comando da sua vida. Acredite, o sucesso e o insucesso dependem única e exclusivamente de você; somente você pode mudar a rota da sua vida. Veja meu exemplo, eu tinha tudo para ser uma pessoa frustrada, mas fiz uma autoavaliação dos meus resultados, potencializei tudo que tinha de bom, aprendi novas habilidades, descobri meu propósito de vida e estou aqui escrevendo este capítulo para vocês com um único objetivo: inspirar pessoas de talentos a seguirem seu propósito. Acredite, não precisamos de muitos recursos para realizarmos grandes feitos. Claro, na medita que vamos evoluindo, é necessário investir em novas práticas, até mesmo para compartilhar conteúdos com mais responsabilidade, propriedade e técnica. Já li centenas de livros e todos eles me ensinaram a não ser vítima de mim mesma, a não focar no problema e, sim, na solução. Liberte-se para viver o que há de melhor na vida. Compartilhe tudo que sabe com as pessoas; um bom gestor é aquele que inspira sua equipe a alcançar os objetivos mesmo quando não está presente.

> Autorresponsabilidade é a crença de que você é o único responsável pela vida que tem levado, sendo assim, é o único que pode mudá-la.
>
> Paulo Vieira

Então vocês tiveram a oportunidade de conhecer exemplos reais que mostram que minha história é uma missão de Deus. Para mim, otimizar relações se resume em um método: ***ative ação dentro de você***.

Esse método tem como objetivo trazer o indivíduo para o nível de clareza e consciência, bem como convidá-lo a agir com posicionamento adequado, trazendo mudança de mentalidade e transformação de dentro para fora. Essa transformação pode proporcionar ganhos incalculáveis tanto para a organização quanto para o indivíduo.

Com muita gratidão, deixo aqui meus agradecimentos: primeiramente, a Deus, que sempre me manteve firme no propósito e não deixou que vida alterasse a rota de viver o meu propósito de vida; agradeço, também, minha família e amigos.

Todos os meus objetivos foram alcançados. Continuo em desenvolvimento contínuo com um objetivo claro: levar às pessoas o que significa trabalhar com motivação, fé e muita gratidão. Assim venci o medo, o preconceito, as rejeições e todos os demais obstáculos que apareceram no caminho. Hoje vivo sonhando para continuar vivendo.

Muitos jovens e adolescentes estão em busca de clareza, precisando alinhar seu nível de consciência. Escrever este livro é um presente de Deus, pois tudo que passei para chegar até aqui, mostra que todos podem conquistar seus objetivos, basta acreditar e agir.

Referências

CARPILOVSKY, Marcelo Pomeraniec; CAVALCANTI, Vera Lucia dos Santos; LAGO, Regina Arczynska; LUND, Myrian Layr Monteiro Pereira. *Liderança e Motivação*. São Paulo: editora FGV, 2009.

VIEIRA, Paulo. *O poder da autorresponsabilidade*. São Paulo: editora Gente, 2019.

19

GOVERNANÇA CORPORATIVA: A LIDERANÇA COMO ELEMENTO PROPULSOR DAS BOAS PRÁTICAS EMPRESARIAIS

Neste capítulo, o leitor verá algumas mudanças do conceito de liderança ao longo do tempo e sua relação com a Governança Corporativa praticada por empresas, sejam elas grandes, médias ou pequenas. Com isso, será levado a pensar em como um líder moderno é capaz de inspirar boas práticas empresariais em seu negócio. Por fim, terá acesso interativo à "Roda da Ética" e poderá aferir pontos a serem aprimorados.

PAULO FELINTRO

Paulo Felintro

Advogado Tributarista e Consultor Empresarial Graduado pela FMU (2013), com Extensão em Planejamento Contábil Tributário (2018) e pós-graduação em Processo Civil (2019) pela PUC-SP. Possui certificação em técnicas de Comunicação Corporativa de Alto Impacto (2019), Negociação (2019) e Liderança, pela Belas Artes e FGV. É coordenador de equipe de contencioso e consultivo tributário e empresarial, com ênfase em planejamento tributário, sucessório e governança corporativa. Tem experiência significativa de mais de sete anos em empresas e escritórios de advocacia no contencioso e consultivo tributário e empresarial. É escritor e palestrante.

Contatos
fellintro@gmail.com
LinkedIn: www.linkedin.com/in/paulofelintro
Instagram: @juridiques.oficial/@paulofelintro/@paulofelintroadv
11 98560-5881

*Existem líderes e existem aqueles que lideram [...]
imagino um mundo no qual a capacidade de inspirar
seja praticada não só por alguns poucos,
mas pela maioria.*

Simon Sinek

A relação entre liderança e governança corporativa é intrínseca. Boas práticas em empresas, organizações e instituições (públicas ou privadas) são vistas quando um indivíduo ou um grupo é capaz de inspirar outros à prática de condutas éticas e políticas empresariais. Neste capítulo, traremos a questão sob três aspectos: a evolução das noções de liderança, as noções e princípios da governança corporativa e o papel da liderança empresarial na governança corporativa.

O que seria liderança no mundo moderno?

Antes de tudo, é necessária uma breve conceituação de **liderança** e **líder**. Gramaticalmente, *Liderança* é a função, posição ou caráter de líder (chefia, autoridade e ascendência). *Líder* é o que detém autoridade para comandar ou coordenar outros. Esses significados trazem luz à questão da liderança; porém, não esgotam a sua compreensão.

A noção de **vocação natural** como concepção de que um líder já nasceria dotado de certas aptidões mostrou-se rasa, porque exclui a noção de grupamento social[1]. Liderança pode ser uma aptidão natural, mas também um processo de **amadurecimento**, criado em um contexto de estabilização e aceitação social e, se é um processo, pode ser aprendido e aprimorado.

Em Filosofia, isto vem da dicotomia entre **poder** e **obediência**. Na Idade Média, Maquiavel, em *O Príncipe*, observa o poder do prisma de quem o detém e cria os conceitos de *virtù* e *fortuna*[2] como necessários ao governante. Todavia, no século XV, o francês Étienne de La Boétie escreveu o *Discurso da Servidão Voluntária*, no qual

---

[1] O contexto social exerce influência na escolha das características de um líder. Eliana Vianna e Maria Delmas dizem: *"o surgimento de lideranças que, apesar de aparentemente naturais, são, na verdade, resultado de forte construção."*

[2] Atualmente entendido com estar preparado para quando a oportunidade chegar.

buscou desvendar o porquê as pessoas servem, fixando três fundamentos da obediência (prisma de quem obedece): o medo, a participação e o costume[3].

Sem adentrar em todos os meandros históricos e filosóficos, hoje, os *millenials*[4] consideram como características mais marcantes de uma boa liderança corporativa: visão, pensamento estratégico, gentileza e **capacidade de inspirar**.

Isto é, na era da tecnologia da informação e da inteligência artificial (século XXI), o papel do líder moderno sofreu transformações, sendo mais uma situação circunstancial que depende menos dos atributos do líder e mais das circunstâncias e capacidade de adequação à volatilidade do mundo. Mas é claro que esses atributos não devem ser ignorados, já que são parcialmente responsáveis pela posição alcançada, daí a necessidade de **autoconhecimento** na busca dos valores internos, dos reflexos sociais e das crenças do bom líder.

É por isso que Liderança é uma das dez *Soft Skills* divulgadas pelo *World Economic Fórum* para 2015 e 2020 como essenciais nas empresas, assim compreendida nas noções de **gestão de pessoas** e **coordenação**. Segundo a *Exame*, gestão de pessoas é a *capacidade de motivar, desenvolver pessoas e de identificar talentos* e a coordenação conjunta, *capacidade de coordenar as próprias ações de acordo com as ações de outras pessoas* (autoconhecimento).

Logo, liderança, no mundo moderno, é um conjunto de elementos como autoconhecimento, flexibilidade cognitiva, gestão e coordenação em conjunto, distanciando-se da ideia antiga de poder e chefia.

A governança corporativa e seus princípios

O propósito deste livro é mostrar a complexidade das relações pessoais. A governança corporativa (GC) rege exatamente a dinâmica das relações humanas no mundo corporativo. Para Alexandre da Silveira, governança corporativa é o *conjunto de mecanismos (internos ou externos, de incentivo ou controle) que visa a fazer com que as decisões sejam tomadas de forma a maximizar o valor de longo prazo do negócio e o retorno de todos os acionistas.*

Esse instituto vindo da Inglaterra tem ligação direta com liderança, já que envolve gestão financeira eficiente, responsabilidade social, ambiental, *compliance*, transparência e ética (fatores internos que geram valor à marca da Companhia e podem significar maior tempo de permanência e sustentabilidade).

Nos EUA, casos emblemáticos como o da Texaco em 1984[5] e o escândalo da Enron em 2000[6] marcaram a importância do tema da Gestão Corporativa. Aqui no Brasil, diz Adhemar Ronquim, três foram os marcos da GC: a) 1995 – criação do Instituto Brasileiro de Governança Corporativa – IBGC; b) 2000 - lançamento do Código Brasileiro das Melhores Práticas de Governança Corporativa do IBGC; c) 2000 a 2002 – Bovespa divide empresas pelo nível de práticas de GC (Nível 1,

---

[3] O medo para La Boétie refere aos que não participavam da guerra. A participação na tirania era a vantagem percebida por aqueles que obedeciam ao Soberano (divisão dos despojos da guerra). Já o costume, relacionava-se aos escravos, que nasceram em servidão.

[4] Designa a geração nascida a partir dos anos 1980.

[5] Onde a petroleira valeu-se de regramento legal para evitar aquisição de ações por um acionista minoritário visto como ameaça.

[6] A empresa do setor de energia fraudou balanços e prejudicou acionistas.

2 e Novo Mercado) e a Cartilha de Recomendações de GC da Comissão de Valores Mobiliários – CVM[7].

Mesmo sendo uma característica mais presente nas SA's de capital aberto ou fechado e todos os órgãos que as compõem[8], a prática mostra que a GC se aplica a outros tipos societários[9] e de responsabilidade limitada (que optem pela aplicação da Lei das SA's), desde que, é claro, não engesse a atividade.

Com a globalização e a liberação econômica, o investimento estrangeiro direto no capital das empresas ganha destaque como uma vantagem no cenário internacional e isso só é possível onde há maior clareza de informações. Mas alertam Cláudia Mara Viegas e Gabrielle Bonfim que o objetivo da GC *não é apenas a captação financeira, mas a implementação de políticas de controle que visam ampliar a confiança nas informações relacionadas à gerência de uma empresa*[10]. Já para Fábio Ulhoa, o objetivo da GC é: *identificar e sistematizar as melhores práticas de gestão da empresa e relacionamento com os acionistas.*

Os princípios da GC são: 1) **compliance** (ou Responsabilidade Corporativa); 2) **accountability** (ou Prestação de Contas); 3) **disclosure** (ou Transparência) e; 4) **equity** (ou Equidade). Outros autores acrescentam a ética, a proteção ao acionista minoritário, a independência dos administradores e a função social da empresa. Adalberto Simão Filho ensina que os princípios são *norteadores da conduta dos administradores, com reflexos diretos na gestão, na empresa e na relação* interna corporis, *entre acionistas e com o mercado, lastreando-se tal conduta em princípios éticos aceitos como ideais pelos praticantes.*

Responsabilidade corporativa reflete a adoção de procedimentos e mecanismos nas empresas para cumprimento das normas, necessários à gestão firme de riscos. A prestação de contas sugere que os relatórios sejam completos, claros e padronizados. A equidade corresponde ao tratamento igualitário de todos os *stakeholders* e a transparência é o signo necessário para aumentar a responsabilidade dos administradores pelas transações na atividade empresarial.

Pontuados os princípios, veremos como a liderança empresarial pode fomentar boas práticas empresariais.

Como a liderança pode inspirar boas práticas empresariais?

Todo líder empresarial lidera um grupo ou uma equipe[11]. Liderança empresarial, portanto, é a capacidade de lidar com pessoas diferentes, que compõem grupos e

---

[7] Houve alterações na Lei das SA's pela Lei 10.303/2001 (resguarda os acionistas minoritários) e a aprovação da Lei de Falências e Recuperação Judicial (protege credores e *a preservação da empresa*).

[8] Nas SA's, a problemática é mais complexa. Envolve, necessariamente, a compreensão do tipo societário como de capital e os reflexos disso na proteção dos acionistas minoritários, a estrutura de seus órgãos e demais *stakeholders*.

[9] Como em empresas familiares, por exemplo, onde os problemas essenciais tratados pela GC em geral são: a profissionalização dos administradores e a elaboração de um plano sucessório.

[10] No Brasil, seguem-se os padrões internacionais de relatórios contábeis e financeiros do *International Financial Reporting Standards* – IFRS.

[11] Eliana Vianna e Maria Delmas ensinam que Grupo é o resultado da formação e interação de membros com objetivos comuns. Equipe é a reunião de vários grupos, com sua própria *expertise*, para realizar determinada tarefa/missão.

equipes de variadas áreas de conhecimento, com a responsabilidade de fazer com que tais relações saiam-se bem em um cenário de alta volatilidade tecnológica, de informação e econômica.

No 20º Congresso do IBGC, em São Paulo, o então Presidente da KPMG, Charles Krieck, pontuou que as pessoas:

> não querem trabalhar e nem consumir de empresas sem propósito. Nesse cenário, a liderança precisa estar preparada para trabalhar em estruturas não hierarquizadas e plataformas abertas, de forma cada vez mais participativa e ouvinte e não determinante. Nunca o comportamento humano foi tão importante na atração de talentos e convencimento dos consumidores.

Camila Pati diz que as competências de gestão de pessoas e coordenação conjunta são altamente críticas para o líder atual, pois *"aspectos ligados à colaboração e facilitação de processos são algumas das características que especialistas apostam como obrigatórias nos CEOs do futuro"*.

Assim, destacamos abaixo diretrizes[12] para uma boa liderança na governança corporativa de acordo com o Chartered Institute of Public Finance and Accountancy e utilizados inclusive pelo Tribunal de Contas da União:

- Focar e ter clareza no propósito da empresa em resultados e pôr em prática seus valores.
- Decidir embasado em informações de qualidade.
- Gerenciar riscos.
- Prestar contas e envolver os interessados.
- Certificar-se de que os usuários ou consumidores recebam um serviço de alta qualidade (algo de valor pelo que pagam).
- Definir claramente as funções dos grupos e equipes e as responsabilidades da alta administração e dos gestores, equilibrando sua composição com continuidade e renovação, certificando-se de seu cumprimento.
- Ser rigoroso e transparente sobre a forma como as decisões são tomadas.
- Ter e usar estruturas de aconselhamento, apoio e informação.
- Certificar-se de que os agentes (corpo diretivo ou funcionários) tenham a *expertise* necessária para um bom desempenho e desenvolver suas capacidades, avaliando-os como indivíduos e como grupo.
- Dialogar com e prestar contas à sociedade, bem como engajar organizações parceiras e partes interessadas (*stakeholders*).
- Tomar ações de responsabilização dos agentes.

Isso tem a ver com conduta ética e nunca é demais relembrar os valores éticos da humanidade. Por isso, visando auxiliar o leitor em um exame de autoconhecimento dos próprios valores e posteriormente replicá-los em suas equipes e grupos, indicamos um *QR Code* para acesso à "Roda da Ética":

---

[12] Nem todas têm relação direta com a liderança, por isso reduzimos e fizemos adaptações.

Desse modo, serão cumpridos os princípios da governança corporativa influenciados por uma Liderança coesa e firme como elemento propulsor das boas práticas empresariais.

Conclusão

A noção de liderança mudou e não mais se circunscreve às ideias de poder, obediência, vocação natural e chefia. Consiste, isto sim, no aprimoramento do autoconhecimento, flexibilidade cognitiva e coordenação conjunta para reter e aprimorar talentos, inspirando-os aos resultados desejados e à adequação em um mundo de constantes mudanças.

Nesse cenário, os princípios da Governança Corporativa mostram-se como um caminho a trilhar e, em um país como o Brasil, nunca se mostrou tão urgente e necessário o desenvolvimento de lideranças firmes e coesas, como elementos propulsores das boas práticas de governança corporativa.

Referências

BOETIE, Éttiene de La. *Discurso da servidão voluntária*. Tradução: Casemiro Linarth. São Paulo: Martin Claret, 2019.

BRASIL. Tribunal de Contas da União. *Referencial básico de governança aplicável a órgãos e entidades da administração pública*. Versão 2. Brasília: TCU, 2014.

COELHO, Fábio Ulhoa. *Curso de direito comercial*, Vol. 2. São Paulo: Saraiva, 2012.

MACIEL, Daniela. *Companhias precisam de novo perfil de liderança*. São Paulo: Diário do Comércio, 2019. Disponível em: <https://diariodocomercio.com.br>. Acesso em: 22 mar. de 2021.

MAQUIAVEL, N. *O príncipe*. Tradução: Lívio Xavier. São Paulo: Edipro, 2019.

PATI, Camila. *10 competências de que todo profissional vai precisar até 2020*. Disponível em: <https://exame.com/carreira/10-competencias-que-todo-professional-vai-precisar-ate-2020>. Acesso em: 22 mar. de 2021.

RONQUIM FILHO, Adhemar. Os direitos dos acionistas minoritários com as alterações da lei da sociedade anônima, influenciadas pelas bases da governança corporativa. *Revista de Direito Empresarial*. São Paulo, v. 20, 2016.

RUNRUN.IT. *Liderança corporativa: novas posturas para uma nova geração*. Disponível em: <https://blog.runrun.it/lideranca-corporativa>. Acesso em: 22 mar. de 2021.

SIMÃO FILHO. Adalberto. *Nova empresarialidade. Uma visão jurídica reflexa da ética na empresa e na sociedade da informação*. Tese de doutorado. São Paulo: Pontifícia Universidade Católica, 2002.

SINEK, S. *Comece pelo porquê*. Tradução: Paulo Geiger. Rio de Janeiro: Sextante, 2018.

SILVEIRA, Alexandre di Miceli da. *Governança corporativa no Brasil e no mundo - teoria e prática*. São Paulo: Elsevier, 2010.

VIANA, Eliana; DELMAS, Maria Leonor Galante. *Introdução ao tema da liderança.* São Paulo: FGV IDE (*In Company Management Online*).

VIEGAS, Cláudia Mara de Almeida Rabelo; BONFIM, Gabrielle Cristina Menezes Ferreira. Governança corporativa nas empresas familiares: profissionalização da administração e viabilidade na implantação de planos jurídico-sucessórios eficientes. *Revista de Direito Empresarial.* São Paulo, v. 14, 2016.

WORLD ECONOMIC FORUM. *The future of jobs.* Disponível em: https://www.weforum.org/reports/the-future-of-jobs-report-2020>. Acesso em: 22 mar. de 2021.

20

NOMOFOBIA: PATOLOGIA DA VIDA MODERNA

A Nomofobia surgiu da prática excessiva do uso do celular, causando uma dependência nociva da tecnologia, quando não conseguimos distinguir entre o uso consciente e o excessivo. A patologia tem sido tratada como um vício que se assemelha ao vício em álcool, drogas e jogos. É preciso ficar atento aos sintomas, cuidados necessários e tratamentos indicados a esse *detox* tecnológico.

RUBYANA RODRIGUES

Rubyana Rodrigues

Psicóloga formada pela Universidade Federal de Uberlândia. Especialista, com MBA em Gestão de Pessoas pela FGV. Especialização em Saúde Mental, em TRIESTE, na Itália. *Personal coaching*, pela Menthes, do Grupo Augusto Cury. Realizou atividades como membro e coordenadora da área de Psicologia Organizacional da Cooperativa dos Psicólogos. Foi docente no curso de pós-graduação em Saúde Mental na Universidade de Ribeirão Preto, São Paulo. Atuou como consultora e docente pelo SENAC e com treinamentos *in company*. Participou do Programa da Silvana Resende no SBT, falando sobre o tema "Fofoca no ambiente de trabalho". Entrevista para a Rede Globo, da VII Feira de Empregos, e TV Record, sobre a importância dos testes psicológicos. Entrevista cedida à TV Sudeste de Catalão, sobre o Programa da Escola da Inteligência do Dr. Augusto Cury. Atuou no GEAC (GRUPO AUGUSTO CURY) por quatro anos, entre treinamentos de qualidade de vida, liderança e *coaching* na MENTHES e na Escola da Inteligência, como Palestrante, ministrando cursos a Pais e Equipe Pedagógica.

Contatos
palestrasrubyana@gmail.com
Facebook: Desenvolvendo Talentos Consultoria em Recursos Humanos
Instagram: @palestranterubyana.rodrigues
LinkedIn: www.linkedin.com/in/rubyana-rodrigues-b54b8522
16 99136-5568
64 99616-0066

Todo ser humano é um cofre.
Não existem mentes impenetráveis, apenas chaves erradas...

Augusto Cury

Definição

A famosa instituição de pesquisa inglesa, *YouGov,* criou o termo "nomofobia" a partir da expressão "No-mobile", que significa sem telefone celular, por ausência de sinal, dados ou bateria, e também da palavra grega *fobos*, que expressa fobia, medo.

Esse termo tem se tornado cada vez mais presente devido ao desconforto ou angústia sentida pelas pessoas em consequência da fobia de ficar sem conexão, *offline*, ou sem comunicação, por alguma via digital como celular, *smartphone* ou computador.

Muitas vezes, a família tem seu primeiro alerta por meio do pediatra, o sinal de que algo não vai bem com seu filho em idade infantil, ou com o adolescente, por meio da saúde ou do desenvolvimento afetado pelo uso do *smartphone*, jogos ou *internet*. Eles passam, pois, a apresentar sinais que podem, até então, passar despercebidos, como problemas físicos, fracasso acadêmico, ou, até mesmo, quadro de disfunção social.

Apesar das pesquisas sobre esse tema, no Brasil, ainda serem escassas, o Laboratório de Pânico e Respiração (LABPR), localizado no Instituto de Psiquiatria (IPUB) da Universidade Federal do Rio de Janeiro (UFRJ), tem contribuído significativamente para ampliação dos conhecimentos dessa área, ao observar as mudanças cognitivas, comportamentais, sociais e familiares dos pacientes atendidos e monitorados nos estudos realizados.

Nomofobia no ambiente corporativo

O transtorno da nomofobia acomete, entre outros, no ambiente de trabalho, acarretando um grande desafio a suas lideranças, uma vez que causa prejuízo para empresas e funcionários mais dispersos e menos produtivos.

Em uma pesquisa realizada pelo CareerBuilder, mais de 55% dos líderes acreditam que o celular é o maior culpado pela falta de produtividade. Isso porque 82% dos funcionários ficam olhando o aparelho *smartphone* o tempo inteiro durante o trabalho.

Apesar das facilidades do acesso ao celular, devemos estar atentos à linha tênue existente entre o uso e o excesso para não permitir que surja a nomofobia, causadora de prejuízos a nossa vida profissional.

Podemos sugerir algumas dicas de como usar o celular corretamente no trabalho:
- Cuidado com as postagens em excesso, principalmente, no horário de trabalho, o uso indiscriminado das redes sociais pode passar uma imagem ruim.
- Evite o uso do celular em reuniões, afinal, isso demonstra uma total falta de interesse e respeito.
- Evite usar o *WhatsApp* em horário de expediente, principalmente, se estiver em grupos com as pessoas da empresa.
- As ligações pessoais devem ocorrer em momentos estritamente necessários, pois, do contrário, podem incomodar os colegas que trabalham ao seu lado.
- Deixe o seu telefone celular no silencioso enquanto estiver no trabalho. Lembre-se de que os toques de mensagem ou chamadas atrapalham muito a concentração de todos.

Sintomas da nomofobia

Alguns sintomas típicos de quem sofre de nomofobia costumam estar relacionados à: dificuldade de concentração; problemas de sono; sudorese; dores de cabeça; batimentos cardíacos acelerados; irritabilidade, angústia e estresse.

Nesse contexto, o medo de ficar sem o celular é incontrolável e acaba afetando a qualidade em todas as relações que a pessoa mantém, tanto no âmbito social, como profissional e familiar.

Como saber se a pessoa apresenta esses sintomas:
- Sente-se incapaz de desligar seu telefone, mesmo durante a noite.
- Carrega a bateria constantemente.
- Confere, a todo momento, as redes sociais, toda vez que posta algo, para ver se alguém curtiu ou comentou seu último *post*, seja no *Facebook*, *WhatsApp* ou *Instagram*.
- Quando percebe que seguirá para algum lugar onde é possível ficar sem sinal, ou mesmo, sem bateria, começa a sofrer por antecipação, ou a entrar em pânico.
- A primeira atitude tomada, ao acordar, é olhar o celular antes mesmo de levantar da cama?
- Verifica, obsessivamente, chamadas perdidas, e-mails e textos.
- Demonstra irritação ao estar em locais sem conexão wi-fi.
- É incapaz de ir ao banheiro sem levar seu telefone junto.

Se a resposta à maioria das alternativas foi positiva, então, é provável que a pessoa esteja sofrendo de **nomofobia**.

Nós, brasileiros, somos um dos recordistas em número de horas diárias gastas ao celular em comparação aos outros países, com **a média mais alta do mundo: 9 horas e 14 minutos**, segundo a Statista, empresa de estatística que realizou a pesquisa em 2016.

A pesquisa supracitada ainda constatou que cerca da metade dos adultos verifica o telefone pelo menos várias vezes por hora, e, até durante o sexo, 1 em cada 10 admite usar o telefone.

Em 2017, foram divulgados, no Brasil, por meio da Pesquisa *TIC Kids On Line*, o modo como os jovens brasileiros, de 09 a 17 anos, lidam com as redes sociais e internet. O resultado publicado pelo Comitê Gestor da Internet no Brasil (CGI.br) demonstrou que 85% estão conectados, 71% desses usam internet mais de uma vez ao dia.

Este estado de coisas nos dá indícios da dependência evidenciada por essa compulsão em checar, a toda hora, o celular, aguardando sempre alguma curtida, notificação ou algo novo. Alguns chegam a sentir o que é chamado de *toque fantasma,* a falsa sensação de sentir o celular vibrar.

Segundo análises contidas na obra *Nomofobia,* organizada por Anna Lucia Spear King, Antônio Egídio Nardi e Adriana Cardoso, compreendemos que, de modo pioneiro, no Brasil, a utilização, em excesso e sem critério, de modo obsessivo, dos celulares e eletrônicos por parte da sociedade, bem como seus impactos, estão deteriorando as relações pessoais.

A obra em questão surgiu da necessidade de se buscar respostas aos transtornos sociais e às queixas trazidas pelos seus pacientes, fazendo emergir a ideia de se pesquisar e escrever algo sobre ao uso abusivo dos aparelhos celulares e computadores.

Na obra, se compara o comportamento de uma pessoa viciada em drogas à dependência patológica do uso do celular. Defendemos, neste debate, que a tecnologia não é a grande vilã da história, e sim o uso que fazemos dela, com a capacidade, por exemplo, de transformar uma simples timidez numa válvula de escape, que poderá evoluir e desencadear uma fobia social.

Saber usar, de forma consciente e comedida, os eletrônicos, além de entender as consequências dessa má utilização, é que vai nos ensinar a desenvolver bons hábitos para essa prática, para que possamos usufruir do melhor que a tecnologia pode nos ofertar, evitando, assim, os prejuízos trazidos por ela para nossas vidas e para o modo como nos relacionamos.

Tempo indicado para uma utilização saudável da tecnologia e de seus aparelhos conforme cada idade

As diretrizes da Associação Americana de Pediatria (AAP) indicam:

• Para crianças com menos de 18 meses, evite qualquer uso de tela, além de chamadas de vídeo;
• Um ano e meio a dois anos de idade: pais de crianças com idades entre 18 e 24 meses devem estar atentos ao introduzir o uso de mídias digitais, escolher uma programação de qualidade, sendo ideal assisti-la junto com seus filhos, interagindo com eles, a fim de ajudá-los a entender o que estão vendo.
• Para crianças de dois a cinco anos, o uso de telas deve ser restrito a uma hora por dia, selecionando programas que acrescentem conteúdo de qualidade. Os pais devem assistir às atrações com os filhos;
• Para crianças de seis anos ou mais, a imposição de limites e tempo de uso é extremamente necessária, garantindo que o tempo de acesso não atrapalhe o sono e a atividade física. O ideal é, em média, duas horas por dia.
• Para adolescentes acima dos 13 anos, o máximo recomendado é de três horas por dia, também, sempre monitorando e orientando quanto à utilização, seus riscos e excessos.

O objetivo principal de quem sofre de nomofobia é ir se desintoxicando da tecnologia aos poucos, buscando diminuir o tempo dedicado ao aparelho, potencializando experiências de vida para além do celular, e, paulatinamente, voltando a sua vida normal.

Principais danos causados pela nomofobia

1. Obesidade

A modernidade oportuniza hábitos sedentários, como ficar em frente à televisão ou ao computador por horas, deixando de praticar atividades físicas mínimas recomendadas.

2. Perda de sono

Quando é utilizada a estratégia de dar aparelhos eletrônicos para os filhos com o intuito de distraí-los, também os pais serão responsáveis por colaborar com noites mal dormidas, desempenho escolar insuficiente e problemas de saúde.

3. Dor nas mãos

O uso intenso de *smartphones* e celulares ocasionou, em vários estudantes, a presença da LER (lesão por esforços repetitivos), dores nas mãos e nos polegares, em comparação àqueles que usavam com mais ponderação.

Constatou-se, então, que, quanto mais cedo se incentivar um filho a começar a usar esses aparelhos, mais cedo ainda, ele pode contrair a LER (Lesão por esforços repetitivos).

4. Dor de cabeça

As dores crônicas de cabeça, mais longas e demoradas, eram muito mais presentes nas pessoas que não conseguiam ficar sem seus aparelhos eletrônicos.

5. Comportamento obsessivo

Os Estados Unidos realizaram um estudo com 20 alunos, monitorando o comportamento deles nas redes sociais. O resultado mostrou, de forma proporcional, que, quanto mais usavam as redes sociais, mais esses estudantes ficavam angustiados, alguns chegando a visitar seus perfis mais de 100 vezes por dia.

6. Influência negativa

Crianças e adolescentes que ficam expostos excessivamente ao mundo virtual podem ter, como consequência, opiniões deturpadas sobre temas como: álcool, tabaco, além de adquirirem comportamento agressivo, uma vez que o mau uso da *internet* e de seus conteúdos pode gerar, no sujeito em formação, uma influência negativa para o resto da vida.

7. Distúrbios de atenção

Pesquisas comprovam que pais que utilizam excessivamente celulares próximo de bebês estimulam involuntariamente hábitos negativos, como desatenção e dificuldade de concentração, o que contribui para *déficit* na aprendizagem e no armazenamento de informações.

Então, o que podemos fazer para evitar essa dependência digital?

- Desligar o telefone celular e experimentar conversas *presenciais*.
- Para cada hora exposta na frente de uma tela, **é recomendado** investir o mesmo tempo conversando com pessoas ao vivo.
- Tentar passar um dia ou mais sem um computador, tablete ou telefone, a fim de se sentir livre.
- Colocar o telefone a, pelo menos, 10 metros de distância quando for dormir, e desligar durante a noite.
- Estabelecer atividades de entretenimento e desconexão, que serão feitas sem o celular. Exemplo: ler um livro, assistir a uma série, assistir a um filme ou escutar música.
- Evitar usar o aparelho na hora das refeições, principalmente, quando estiver em família ou na presença de amigos.
- Buscar diminuir, de forma gradativa, o tempo dedicado ao celular. Por exemplo, quando for almoçar, deixar o celular no bolso, ao passo que, no transporte público, ele pode ser substituído por uma revista ou jornal.
- Planejar pequenas saídas sem o celular, deixá-lo em casa.
- Quando for ao cinema, jantar com os amigos, ou qualquer outro programa, convém manter o celular em silêncio e sem o modo vibra.

Referências

COELHO, Taysa. *O que crianças e adolescentes fazem na internet? Pesquisa revela 10 fatos*. Disponível em: <https://www.techtudo.com.br/noticias/2018/10/o-que-criancas-e-adolescentes-fazem-na-internet-pesquisa-revela-10-fatos.ghtml>. Acesso em: 22 mar. de 2021.

DENCK, Diego. *Quanto tempo em frente a uma tela é saudável para as crianças?* Disponível em: <https://www.tecmundo.com.br/ciencia/115764-quanto-tempo-frente-tela-saudavel-criancas.htm>. Acesso em: 22 mar. de 2021.

MAIA, A. C. C. de O.; MACHADO, S.; CARDOSO, A. *A Relação do Indivíduo com o Telefone Celular e Implicações para a Saúde Mental*. In: KING, A. L. S. Disponível em: <https://veja.abril.com.br/blog/letra-de-medico/nomofobia-a-dependencia-do-telefone-celular-este-e-o-seu-caso/>. Acesso em: 26 jan. de 2020.

NARDI, A. E.; CARDOSO, A. (Ed.). *Nomofobia: dependência do computador, internet, redes sociais? Dependência do celular?* São Paulo: Atheneu, 2014.

OLIVEIRA, Thyciane Santos; BARRETO, Laís Karla da Silva; EL-AOUAR, Walid Abbas; SOUZA, Lieda Amaral de; PINHEIRO, Leonardo Victor de Sá. *Cadê meu celular? Uma análise da nomofobia no ambiente organizacional*. Disponível em: <https://scielo.br/scielo.php?script=sci_arttext&pid=S0034-75902017000600634>. Acesso: em 3 abr. de 2020.

PIMENTA, Tatiana. *Nomofobia - o vício em celular pode prejudicar sua saúde*. Disponível em: <https://vittude.com/blog/nomofobia>. Acesso: em 13 mar. de 2020.

ROBERTS, Michelle. *Celular e tablets para crianças: passar muito tempo usando eletrônicos pode prejudicar desenvolvimento.* Disponível em: <http://bbc.com/portuguese/geral-47036386>. Acesso em: 18 jan. de 2020.

SAIBA mais sobre o vício do uso dos celulares nas empresas. Telavita. Disponível em: <http://telavita.com.br/blog/vicio-celular-empresas/>. Acesso em: 02 mar. de 2020.

UNIVERSIA. *O que é e como evitar a nomofobia?* Disponível em: <http://noticias.universia.pt/cultura/noticia/2018/03/14/1158079/evitar-nomofobia.html>. Acesso em: 26 jan. de 2020.

WIKIPEDIA. *Nomophobia.* Disponível em: <https://en.wikipedia.org/wiki/Nomophobia>. Acesso em 10 de jan. de 2020.

YOUNG, K.; ABREU, C. N. *Dependência de internet em crianças e adolescentes: fatores de risco, intervenção e tratamento.* Porto Alegre: Artmed, 2019.

21

O BOM RELACIONAMENTO E SUA APLICAÇÃO EM NEGOCIAÇÕES

Caro leitor, este capítulo trará noções práticas e objetivas de um bom relacionamento, independentemente do tipo de relação: seja com o cliente; grupos da sua empresa; em reuniões; sobretudo no âmbito pessoal, pois somos seres sociáveis e, para tanto, temos que saber lidar com uma das maiores dificuldades nos relacionamentos que são os mais variados tipos de personalidade existentes. Em decorrência disso, haverá, sem sombra de dúvidas, a ocorrência de atritos que devem ser contidos e contornados o mais rápido possível para que não se criem maiores repercussões futuramente, evitando consequências como a frustração de uma negociação promissora.

VENILSON FERNANDES DOS SANTOS

Venilson Fernandes dos Santos

Advogado, graduado pelo Centro Universitário FIG-Unimesp, pós-graduando em Direito do Trabalho e Previdenciário pela PUC-MG, palestrante. Experiência como Executivo Comercial e Executivo de Relacionamento por mais de 7 anos em uma das maiores empresas de tecnologia em fornecimento de *software* jurídico do Brasil.

Contatos
adv.fernandessantos@hotmail.com
Linkedin: Venilson Fernandes
11 98278-5826

É mais fácil obter o que se deseja com um sorriso do que à ponta da espada.

William Ury

Introdução

Trago ao amigo(a) leitor(a) uma reflexão bastante pertinente: em quantos momentos, em nossa vida, somos levados a negociar? Já pensou sobre isso? Estamos em constante negociação, seja para angariar um aumento de salário, a possibilidade de férias em um determinado período, a redução do valor de uma compra, uma nova oportunidade de trabalho, o embate em uma sala de audiência para defender os interesses do seu cliente se você for um advogado; enfim, são inúmeras as possibilidades diárias que nos levam a negociar.

Mas, afinal, o que é negociar? Negociação é um processo de relacionamento que visa ao entendimento entre as partes. Pode ser simples ou complexo, rápido ou demorado e envolve duas ou mais pessoas. Se elevarmos o nível para negociações complexas, envolvendo grandes negócios, como, por exemplo, a aquisição de vultoso volume de mercadorias, vendas para entes públicos, a correta compreensão do que seja uma negociação torna-se ainda mais relevante, dado que é preciso conhecer as regras do jogo antes mesmo de entrar nele.

Como já disse Sun Tzu:

> Se você conhece o inimigo e conhece a si mesmo, não precisa temer o resultado de cem batalhas. Se você se conhece, mas não conhece o inimigo, para cada vitória ganha sofrerá também uma derrota. Se você não conhece nem o inimigo nem a si mesmo, perderá todas as batalhas.[1].

Já parou para analisar a importância de manter um bom relacionamento? Ele permite uma relação comercial duradoura; enquanto uma experiência insatisfatória, que pode ser resultado da falta de práticas de negociação, contaminará os negócios futuros.

Certamente, em algumas negociações ou resoluções de conflitos, são resolvidos os problemas por meio do bom relacionamento entre as partes. Para tanto, há algumas habilidades que podemos desempenhar para tornar esse caminho mais fácil de ser trilhado e as traremos a seguir para que o leitor possa aplicá-las em suas negociações.

---

[1] TZU, Sun. *A arte da guerra: os treze capítulos originais*. Tradução de André da Silva Bueno. São Paulo: Jardim dos Livros, 2011.

Bons relacionamentos e sua ligação com a negociação

Vivemos organizados socialmente, isto é, em coletividade. A pergunta que ecoa a partir desta constatação é: por que vivemos organizados em coletividade em vez de existirmos isoladamente? Aristóteles, filósofo grego do século IV a.C., traz uma primeira explicação filosófica para isso que se tornou clássica entre nós: *o Homem é um animal político*[2]. A explicação de Aristóteles aponta para o fato de haver, na natureza humana, certa tendência à vida em sociedade e que tal inclinação do homem realiza o seu próprio bem. Quer dizer, se vivemos em sociedade é porque esta é, em última análise, a nossa própria finalidade enquanto seres humanos.

Posteriormente, essa noção fora refinada por Santo Tomás de Aquino ao dizer ser, o Homem, *político e social*[3]. Ora, a ideia de que o Homem é um ser político e social certamente remonta ao pensamento de que ele não pode viver sozinho, ou seja, a ideia de isolamento completo dos outros seres de sua espécie assombra-o. Portanto, o relacionamento bem construído fortalece as relações comerciais, permitindo aos agentes uma relação duradoura, bem como mais e mais negociações prósperas.

Mantenha a proximidade

Se quiser tirar mel, não espante a colmeia – Frase do livro *Como fazer amigos e influenciar pessoas*, de Dale Carnegie. Seguindo esse raciocínio, tenha em mente que devemos manter os *stakeholders*[4] próximos, mas sempre tendo o bom senso de que a proximidade pode atrapalhar também. Então seja prudente nessa dosagem. Ao tratarmos com pessoas, lembremos sempre de que não estamos lidando com indivíduos de lógica, mas sim emotivos, ou seja, suscetíveis às observações norteadas pelo orgulho e pela vaidade.

Daniel Kahneman, adotando as classificações dos psicólogos Keith Stanovich e Richard West, esclarece bem essa questão ao apontar para a existência de dois sistemas de pensamento: um que *opera automática e rapidamente, com pouco ou nenhum esforço e nenhuma percepção de controle voluntário* (mais emotivo) e outro que *aloca atenção às atividades mentais laboriosas que o requisitam* e, ainda, associam-se *com a experiência subjetiva de atividade, escolha e concentração* (mais racional).[5]

Em um contraponto, Chris Voss, em seu livro *Negocie como se sua vida dependesse disso*, faz uma crítica ao modelo sugerido por Daniel Kahneman. Segundo o autor, as negociações do dia a dia são dinâmicas e não seguem regras, como as estabelecidas nessas teorias, havendo um claro desacordo entre a brilhante teoria do livro e a experiência de negociação do dia a dia. Por fim, deixa uma reflexão ao leitor; em tradução livre: *Por que todo mundo leu este best seller e consideraram-no um dos melhores textos sobre*

---

[2] ARISTÓTELES. *Ética a Nicômaco* – Texto Integral. Tradução: GUIMARÃES, Torrieri. 5. ed. São Paulo: Martin Claret, 2001, p. 22.

[3] DALLARI, D. A. *Elementos de Teoria Geral do Estado*. 28. ed. São Paulo: Saraiva, 2009, p. 10.

[4] *Stakeholder* é um termo da língua inglesa que tem como significado "grupo de interesse". Fazem parte deste grupo pessoas que possuem algum tipo de interesse nos processos e resultados da empresa. site: <https://www.dicionariofinanceiro.com/o-que-sao-stakeholders/>.

[5] KAHNEMAN, Daniel. *Rápido e devagar, Duas formas de pensar* – recurso eletrônico. São Paulo: Objetiva, 2019.

negociação já escrito e, ainda assim, tão poucos conseguiram segui-lo com sucesso?[6] Esta reflexão é importante para dosarmos a crítica. Por que a crítica? Porque ela é perigosa, fere o precioso orgulho do indivíduo, alcança o seu senso de importância e causa ressentimento.

Interessante menção à história de um dos líderes da Revolução Americana, Benjamin Franklin, é feita por Dale Carnegie, demonstrando a importância de manter a proximidade nos relacionamentos interpessoais:

> Benjamin Franklin, um tanto descontrolado na sua juventude, tornou-se tão diplomata, tão hábil no lidar com as pessoas, que foi nomeado embaixador americano na França. O segredo do seu sucesso? *não falarei mal de nenhum homem* — disse ele — e *falarei tudo de bom que souber de cada pessoa.*

Concluímos, assim, que não precisamos bajular as pessoas incessantemente, muito menos minimamente, para ter uma boa relação e manter proximidade com elas. No entanto, cuidado ao lidar com seus sentimentos e ego, pois isso pode atrapalhá-lo em seu relacionamento profissional e, consequentemente, esfriar a relação, o que pode levá-lo, inclusive, a perder o chamado *timing* (momento - tradução livre) na negociação.

Como criar confiança nos relacionamentos?

Chegamos a um tópico delicado. Não há uma fórmula exata para essa resposta. Há necessidade de analisar caso a caso, tendo em vista que as pessoas são diferentes em diversos aspectos. No entanto, em sua pesquisa, a professora da Escola de Direito da Northwestern Unisersity, Janice Nadler, descobriu que os negociadores que passavam apenas cinco minutos conversando ao telefone – sem discutir questões relacionadas à próxima negociação –sentiam-se mais cooperativos com seus colegas, compartilhavam mais informações, faziam menos ameaças e desenvolviam mais confiança em uma negociação subsequente por e-mail do que pares de negociadores que ignoraram a conversa fiada do telefone.[7]

Parece que o *schmoozing* (bater papo – tradução literal) e outras formas de construção de relacionamento não apenas criam confiança, mas também podem ter um retorno econômico significativo. Atente-se para o fato de que as pessoas tendem a responder às ações umas das outras com ações semelhantes. Se outros cooperam conosco e nos tratam com respeito, tendemos a responder da mesma maneira.

O Prof. Harry Overstreet, em seu livro *Influenciando o comportamento humano*, diz:

> A ação emana daquilo que fundamentalmente desejamos... e o melhor conselho que se pode dar às pessoas que têm necessidade de convencer alguém, seja nos negócios, no lar, na escola ou na política é despertar na outra pessoa um desejo ardente. Aquele que puder conseguir isso terá todo o mundo ao seu lado. Aquele que não o conseguir trilhará um caminho isolado.[8]

---

[6] VOSS, Chris; RAZ, Tahl. *Never Split The Difference: Negotiating As If Your Life Depended On It.* Random House, 2016.

[7] Fonte: <https://www.pon.harvard.edu/daily/negotiation-training-daily/negotiate-relationships/>.

[8] Overstreet, Harry Allen - *Influencing human behavior* – recurso eletrônico.

Portanto, seja honesto em suas atitudes como negociador. Fale a verdade, jogue o jogo limpo, demonstre confiança, respeito pela outra parte e terá o retorno sadio e duradouro desta relação.

Rotulagem

Livre-se dos rótulos! Criar rótulos pode ser prejudicial a você que está em constante contato com o cliente ou um agente de negociação. Imagine-se no cenário que não tenha moeda de troca ou esteja em desvantagem em determinado entrave negocial. Quando rotulamos qualquer pessoa como teimoso, egoísta, chato, entre outros sinônimos, estaremos criando um comando no nosso cérebro, que irá nos induzir a achar que aquela pessoa realmente é assim. Ela não é assim, acredite. Ela está se comportando assim. Há diferença! Como ser humano, ela pode mudar essa característica.

Concluindo, caso mantenhamos a rotulação, não estaremos isentos de sentimentos ruins. Desta forma, nossa emoção será aflorada e, quando a exaltamos, nossa capacidade de inteligência consequentemente declina.

Na mesa de reunião

Esta é a hora decisiva e, para muitos dos casos, é a única oportunidade que você terá para fechar a negociação, destravar o conflito ou, em certas circunstâncias, sair com a próxima reunião agendada para avançar na negociação. Então é de suma importância a preparação física e mental para essa oportunidade.

Cuidado físico: chegue cedo para não apresentar sinais de cansaço ou ofegantes; não deixe transparecer o nervosismo que é expressado pela face tensa e, em alguns casos, pela transpiração que vem à tona. Para isso, utilize técnicas de respiração utilizadas por grandes mestres da negociação. Por exemplo: inspirar e respirar profundamente por cinco vezes seguidas ajudará a aumentar a oxigenação no cérebro e baixar os batimentos cardíacos.

Cuidado mental: os cuidados com a mente são os mais importantes para realizar uma boa negociação. É oportuno nos desvencilharmos dos problemas que nos cercam. E, por isso, um bom controle mental é de suma importância para negociar melhor. Não se deixe cair em armadilhas mentais. Esse é o conselho de Criss Voss, no livro *Never Split the Difference*:

> A negociação serve a duas funções distintas e vitais – obter informação e influenciar comportamento – e inclui quase toda a interação em que cada parte queira algo da outra. Deste modo, é útil – mais do que isso, é crucial – saber como se envolver nesse conflito de modo a obter o que deseja sem infligir danos. (VOSS, 2019)

Esteja sempre preparado para todos os tipos de situações que possam advir durante a negociação. Estude seu negociante, prepare o material, anote a maior quantidade de informações possível. Tenha em mente tudo que ele pode usar contra você. Entenda, não é uma guerra, mas existem interesses dos dois lados, não seja ingênuo. Este aspecto não cabe nesse terreno.

Considerações finais

Relacionar-se com pessoas é uma arte e, muitas das vezes, precisamos abrir mão dos nossos interesses e de algumas vaidades, despertando a visão ampla e sempre balizada pelo bom-senso. Os conceitos de relacionamento são amplos e estão em constante evolução. O fato é que devemos estar antenados e aprimorando constantemente as mais variadas técnicas para aplicá-las em negociação.

Desejo-lhe sucesso!

Referências

ARISTÓTELES. *Ética a Nicômaco*. 5. ed. Tradução: Torrieri Guimarães. São Paulo: Martin Claret, 2001.

CARNEGIE, Dale. *Como fazer amigos e influenciar pessoas*. 52. ed. São Paulo: Nacional, 2012.

DALLARI, D. A. *Elementos de Teoria Geral do Estado*. 28. ed. São Paulo: Saraiva, 2009.

FISHER, Roger. *Como chegar ao sim*. Rio de Janeiro: Sextante, 2018.

KAHNEMAN, D. *Rápido e devagar, duas formas de pensar*. São Paulo: Objetiva, 2019.

OVERSTREET, Harry Allen. *Influencing human behavior*.

SARFATI, Gilberto. *Manual de negociação*. São Paulo: Saraiva, 2010.

SINEK, Simon. *Comece pelo porquê*. Rio de Janeiro: Sextante, 2018.

TZU, Sun. *A arte da guerra: os treze capítulos originais*. Tradução: André da Silva Bueno. São Paulo: Jardim dos Livros, 2011.

VOSS, C. *Negocie como se sua vida dependesse disso*. Rio de Janeiro: Sextante, 2019.

VOSS, C.; RAZ, T. *Never split the difference: negotiating as if your life depended on it*. Random House, 2016.

22

A INTIMIDADE TRANSCENDENTE NOS RELACIONAMENTOS

Seu relacionamento íntimo, consigo mesmo, é saudável? Você sabe o que esperar de um relacionamento sadio? Você tem se entregado para viver a completude de um relacionamento? Há equilíbrio entre o dar e receber nesse relacionamento? Acompanhe-me no capítulo a seguir e experimente uma nova forma de se relacionar, inclusive consigo mesmo.

WAYNE PORTO COLOMBO

Wayne Porto Colombo

Empresário nos ramos da educação corporativa, programação neurolinguística e indústrias químicas. Possui extensa formação em PNL, com especializações internacionais em Modelagem de Excelência, Panorama Neurossocial, Transformação Essencial, *Coach* Generativo, Focalização, *Mindfulness* e Hipnose Ericksoniana. Possui, ainda, formação internacional em Constelações Estruturais e Constelações Organizacionais. Fundador do Instituto Nacional de Modelagem Mental, onde promove cursos de formação em Modelagem de Excelências e atua codificando algoritmos de sucesso em pessoas que possuem excelência em seus campos de atuação, como empreendedorismo, vendas, esportes de alta *performance*, música e outros. Onde há um resultado excelente, há um modelo a ser estudado. Conheça mais no site www.modelandomestres.com.br. Nas empresas, atua na sucessão familiar por meio da Modelagem Corporativa Cultural do Fundador bem como na Construção de RH e Liderança Sistêmica.

Contatos
www.modelandomestres.com.br
wayne@modelandomestres.com.br
Instagram: @modelandomestres
16 98150-2228

> *O que a maioria de nós leva para o relacionamento não é a plenitude, mas a carência. A carência implica uma ausência dentro de si.*
>
> Deepak Chopra

O ser humano é um dos seres sociais mais proeminentes do planeta. Isso nos faz viver em sociedade já há alguns milênios. E essa convivência social é um eterno aprendizado. De tempos em tempos, criamos ou alteramos as regras que regem a boa convivência em sociedade. Criamos e mudamos valores de acordo com a evolução intelectual, emocional e espiritual. Definimos ética, criamos leis para defender e acusar tanto quanto criamos quem defenda quem deveria ser acusado porque desejamos isso.

Viver em sociedade é uma arte na qual valores devem ser as guias da conduta para a boa vida, para o bem-estar e para a socialização. No entanto, uma coisa é viver em sociedade e outra coisa é relacionar-se com a sociedade, com um grupo social ou com alguém.

O ato de se relacionar é algo com uma profundidade de sensações, emoções e intenções regidas por uma sorte de outras emoções, sentimentos, princípios e valores, angariadas ao longo da experiência de vida que pode nos provocar no sentido contrário – o sentido antissocial.

Quantos traumas afastaram pessoas de um bom relacionamento? Quantos traumas fizeram com que pessoas se entregassem a relacionamentos doentios? Quando refletimos nas duas frases, evidenciamos que não é o "trauma" que promove uma ou outra forma de reagir. Não é pelo trauma que alguém se bloqueia para um relacionamento, bem como não é por um trauma que as pessoas se entregam a novos relacionamentos.

Tais respostas a um trauma variam de acordo com as ansiedades que trazemos em relação ao que "nos relacionar" realmente significa para cada um. Neste capítulo enfoco apenas o relacionamento íntimo.

> *A carência é uma força poderosa, capaz de criar ilusões poderosas. Ninguém pode realmente entrar dentro de você e substituir a peça que está faltando.*
>
> Deepak Chopra

Alguns autores afirmam que a arte de viver um bom relacionamento está no equilíbrio entre o dar e o receber. Quando um relacionamento não atinge esse equilíbrio, a desarmonia, os confrontos e a insegurança passam a domar as emoções. No entanto, viver um relacionamento onde, continuamente, você está avaliando se você está dando mais do que está recebendo é não viver a plenitude da completude.

Tenho visto em clínica que vários são os motivos pelos quais se busca um relacionamento. Há os que buscam um relacionamento que lhes permitam ser livres e, pelo mesmo motivo, há quem se distancie de um relacionamento. Podemos recorrer à história e reconhecer que há quem busque um relacionamento para satisfazer a "honra familiar" ou a "tradição de família". Muito questionável e perigoso esse tipo de relação. Há quem busque pessoas muito próximas em ideias, costumes, sonhos, desejos, pois não suportam lidar com adversidades. Há quem busque suprir a falta de um ente. Há quem encontre a possibilidade de resolver questões da sua infância, colocando pessoas em sua vida que ocupam lugares e papéis de parentes omissos ou mesmo inexistentes.

A partir do campo das visões sistêmicas, há quem busque um relacionamento que os complete naquilo que são fracos ou falhos. Esse tipo de busca tem como sua sombra uma cobrança, por vezes desmedida, em relação ao outro, uma vez que colocamos outro para desempenhar bem um papel no qual somos medíocres. São os relacionamentos muletas ou próteses que não se sustentam pela essência, mas sim pela aparência.

Um adendo importante! Relacionamentos vitimizantes e abusivos, embora comuns, possuem raízes profundas e robustas. Pela segurança em favor da vida, antes mesmo de qualquer procura psicoterapeuta que explique e corrija a situação, a pessoa tem que procurar a Lei para proteger-se.

Sou apaixonado, entusiasta e estudante da Modelagem de Excelências, uma técnica que extrai os algoritmos mentais de pessoas que possuem excelência em seus resultados, seja em qual área da vida for. São pessoas que sempre performam bem acima da média e vivem uma vida de satisfação pessoal invejável. Modelando pessoas que vivem relacionamentos sadios, alguns pontos mostraram-se comuns e importantes pilares para esses relacionamentos.

As pessoas que vivem um relacionamento sadio, primeiramente, possuem como objetivo próprio o desejo de viverem e partilharem uma história em comum com outra pessoa. É um desejo pessoal de construir uma história longa e duradoura com outra pessoa como fiel companheira. Um ponto que surge muito forte e importante para um relacionamento sadio está no quão companheiro de si mesmo você é. Isso porque não existe relacionamento mais íntimo que o relacionamento consigo mesmo. Isso não é mais um clichê ou perífrase; isso é fundamental.

Uma analogia excelente que ouvi certa vez faz-me acreditar nisso também. Descreveu-me um senhor que: *"Eu sempre fui minha melhor companhia. Era tão bom estar comigo mesmo que só então eu decidi partilhar isso com alguém para o resto da minha vida. Está dando certo"*.

Conhecer-se profundamente, ou seja, a tão almejada utopia do autoconhecimento, é parte primordial para que possamos dedicar-nos a um relacionamento. Reconhecer-se em situações adversas sobre como você age ou reage, reconectar-se com valores e princípios que, para sua plenitude, não podem ser violados, conhecer assertivamente o que te dá prazer e o que realmente é desconfortável são exemplos de situações que não necessariamente impõem limites ao relacionamento, mas mostram os limites pessoais dos indivíduos que estão no relacionamento. Se você não for sua melhor companhia, não haverá quem seja. Sem que você esteja pleno consigo mesmo, jamais será pleno com alguém mais.

Quero lembrar-lhes de que, para além do relacionamento consigo mesmo, existe outro que o transcende. Esse é o relacionamento da alma com o corpo. Se esse relacionamento estiver sadio, não tenha dúvidas de que todos os outros serão sadios.

Precisamos, aqui, tomar cuidado com duas confusões muito comuns e que várias pessoas usam para justificar suas escolhas. A confusão sobre solidão e solitude. Quando falo que você deve ser sua melhor companhia, estou falando sobre solitude e não sobre solidão. A solitude é uma condição estrutural humana que pressupõe o caminho solitário do ser humano enquanto indivíduo, desde o nascimento até a morte.

A individualidade impõe-nos uma condição *sinequanon* de solitude. Suas dores poderão ser partilhadas com alguém; porém, serão sentidas só por você. Seus medos e anseios podem ser suportados por outras pessoas; porém, quem os irá viver na pele e na psiquê é unicamente você. Viver a solitude é respeitar seu espaço-tempo enquanto vivo para conectar-se com a sua essência em essência. A solitude é o prazer do ser uno.

A solidão já é algo piegas e egoísta. O solitário evita o convívio, isola-se de forma autista[1], provocando uma retroalimentação dos sentimentos de solidão. A solidão desta maneira autoprovocada reforça uma das ideias de que o ser passa a ter pouca importância para o convívio social ou para o relacionamento íntimo em questão, levando a uma profunda depressão e podendo evoluir para resultados trágicos.

Não é objetivo deste artigo falar sobre a depressão; porém, uma breve e superficial visão poderá nos dar um sinal importante sobre a diferença entre solidão e solitude. A depressão – algo que já vivi profundamente – leva-nos ao mais profundo de nosso ser; expõe nossas fraquezas de maneira debochada e vulgar a nós mesmos. Mergulhamos nas trevas de nossos anseios, medos, fobias, imaginações e perturbações.

Nesse momento, se usarmos da solidão, iremos nos aprofundar cada vez mais em um buraco negro infinito. No entanto, se usarmos da solitude, refletindo e enfrentando conscientemente sobre o que estamos de fato vivendo, ressurgimos consistentemente em uma forma mais madura, capaz e resistente de ser e nos relacionar. Essa forma "mais madura" não significa menos amável, sensível ou terna, antes, sim, uma capacidade de alinhar objetivos pessoais que respeitem seus limites enquanto indivíduo, aprendidos durante o período de solitude.

Afirmo que a solitude seria a forma útil da solidão; no entanto, é tão superior em potencial e importância que prefiro mantê-las separadas em suas naturezas. A solidão é uma forma imatura, infantil, de fugir ou isolar-se da vida em sua plenitude. Não é comum que pessoas emocionalmente doentes, temerosas, fraquejantes, indomáveis entrem em um relacionamento e consigam vivê-lo de maneira sadia.

Entrar em um relacionamento já doente é como entrar num ringue contra alguém. Não importa quem vai vencer, ambos perderão. Portanto, pergunto: como está seu relacionamento consigo mesmo? Quais qualidades afloram nesse relacionamento tão íntimo que você poderá partilhar em um relacionamento a dois? Você é capaz de viver a solitude? Aproveite e isole a solidão!

Até que nos encontremos, desejo tudo que seja verdadeiro, honesto, justo, puro, amável e que tenha boa fama em sua vida. Fiquem com meu fraternal abraço.

---

[1] Autismo é a polarização privilegiada do mundo dos pensamentos, das representações e sentimentos pessoais, com perda, em maior ou menor grau, da relação com os dados e as exigências do mundo circundante.